정민선 지음

시공사

© LimChoE

프롤로그

나는 달빛요정역전만루홈런의 '나를 연애하게 하라'를
흥얼거리고 있었다.
당시 나는 지독한 패배주의에 시달리고 있었고,
《시크릿》에 나오는 '끌어당김의 법칙'은
내게만 예외인 듯 느껴졌다.
철이 든다는 게 세상과 나와의 거리를 좁혀가는 일이라면
나는 확실한 루저였다.

친구 결혼식 날 아침, 누운 채로 10분을 멍하니 있었다.
그때 귓속으로 또르르 흘러들어온 눈물―
나는 스무 살 우리의 대화를 떠올리고 있었다.
"넌 너라는 사람이 좋아? 맘에 들어?"라는 친구의 물음에
분명한 목소리로 "좋아!"라고 대답하는 내가 보인다.
오늘 다시 그 질문을 받는다면 나는 뭐라고 답해야 할까?

_ 오늘로 나는 152개째 가사를 까였고,
_ 오늘로 너는 127일째 나를 유령 취급하고 있으며,
_ 오늘도 나는 엄마에게 마음에도 없는 짜증을 냈고,
_ 오늘도 너는 내게 아픈 말로 상처를 줬다.

마음이 꽉 막혀 당장이라도 쏟아내지 않으면
그대로 꼴까닥 넘어갈 것 같은 순간의 연속-
방안에 틀어박힌 채,
하얗게 새어나오는 모니터 불빛에 의지해
손이 시원스레 닿지 않는 등 대신 키보드를 두드렸다.
며칠 비워둔 방안에도 금세 먼지가 쌓이는데
돌보지 않은 마음 구석이야 더할 나위가 있을까.

나는 그저 남들보다 이 할쯤 잡생각이 많고,
어쩌면 이 할쯤 많은 독서량을 자랑하고 있으며,
이 할쯤 끼적이기를 좋아하는 것에 불과하지만
그 이 할의 힘으로 여기에 나의 이야기를
그리고 당신의 이야기를 쏟아놓으려 한다.

우리의 빛나는 청춘을 위하여!

차 례

프롤로그 8

first 014
지금 행복하지 않은 내가
과연 이따가는 행복할 수 있을까?

집 나간 마음을 찾습니다
2167
스물아홉 번째 크리스마스
행복병
꼬마놀이
1리터의 눈물
슬픔에 대처하는 그녀들의 자세
오늘도 웃는다
마음 비우기 연습
엄마, 나 오늘 좀 늦을 거야
새봄맞이
굳은살1
인생은 복불복
내가 웃는 게 웃는 게 아니야
리허설이 더 감동적인 이유
혼자 걷는 길
서른에 대한 환상
작가는 상처받지 않는다
첫차
인생 드라이브

Second 072
그냥 너는 내가 좋아하는 사람이었다
막상 얼굴도 기억해내지 못하는
그냥 내가 좋아하는 사람

언제부터였을까?
너의 이런 점이 좋았다
아무리 생각해도
친구와 애인 사이
처음처럼
시소
농담
선택의 순간
알파 센타우리
비나리
너에게 간다
화분
연애란
남자들의 무심함이란
앵무새
나를 연애하게 하라
벽

Third 116
네 생각만으로도 가슴이 차오던
그런 날들이 있었다
이제는 과거형으로 밖엔 말할 수 없는
그런 날들이 존재했었다

잘 지내
빈 집
마음이 덥다
과거진행형
사랑에 대한 정의
경험이 사랑을 망친다
봄봄
사랑한단 말이야
우리 카페나 할까?
시청역입니다
그날
배고프다
첫사랑은 이루어지지 않는다
오늘의 날씨
굳은살2
이별후유증
작지만 확실한 행복
당신의 뒷모습
몸은 알고 있다
밥이나 먹자
어른이 된다는 것

Fourth 168

사라진 모든 것들은 어디로 갔을까?
빛나던 그 순간들은 어디로 갔을까?

유통기한
안녕—
삶이 지루한가요?
여행의 즐거움
버려주어 고맙다
정기검진
플라나리아
봄날은 간다
반지
세상에서 가장 이기적인 사랑법
괜찮아
도미노
어른도 상처를 받는다
Dear 희열 오빠
이어폰
아름다운 이별
사랑은 다른 사랑으로 잊혀진다
우스운 인생
달팽이

Fifth 220

그리고 중요한 건
나는 지금 달리고 있다는 것이다

때때로
단골 가게
그저 떠남으로 알 수 있는 것들
마음 여행
딱 한 번만 다시 보면 안 될까
숨고르기
휴가가 필요해
보통날
어떤 녹화
카멜레온
하루살이
To Heaven
헛되게 흘러간 시간은 없다
그 분과의 심야 데이트
서른, 부모와 같이 산다는 것
작사가로 살아가기
중요한 건 지금 달리고 있다는 것

에필로그 264
추천사 266

first

지금 행복하지 않은 내가
과연 이따가는 행복할 수 있을까 ?

집 나간 마음을 찾습니다

남들 다 쉬는 빨간 날.
바득바득 출근해 하루 종일 시달리다
9번 마을버스에 몸을 실은 그런 날.
귀찮음을 핑계로 우산을 두고 온 탓에
마음까지 묵직하게 젖어버린 그런 날.

다들 무슨 할 말이 그리도 많은 건지 버스 안은 소란소란-
운전기사 아저씨는 레이싱카를 몰 듯
살벌한 운전 솜씨를 발휘해주시고,
떼쟁이 꼬마는 귀청이 떨어져라 우는 통에
마음 디딜 틈 없는 퇴근길 버스 안.

아수라장 속에 섞여 또렷이 들려오는
소녀들의 한 톤 높은 까르르~ 웃음소리.
내 듣기엔 그다지 흥미로운 사건도 아니건만
그저 시험이 끝나 좋고, 수학여행을 가니 좋고, 재잘재잘-

그래,

나도 10년 전엔 나뭇잎 뒹구는 소리에도 웃었더랬지.

그런데 지금의 난?

……

그렇게
어느 날
내게 미안해졌다.

2167

세상에 유일하게 영원한 건 영원이란 단어밖에 없다고~ ♪
오 양은 노래했고, 나는 세차게 고개를 끄덕였다.

우리는 매일 많은 것을 기억하고
또 잊으며 살아간다.

어쩌면 기억은 머리로만 하는 건 아닌지도 모르겠다.
나는 전화번호는 잘 외우면서도
차번호는 유독 못 외웠으니까.
그런 나도 또렷이 기억하고 있는 차번호가 있으니
한 길 사람 속은 참 모를 일이다.
그 네 자리와 닮은 조합만 봐도 가슴은 끼익-
어쩌면 기억은 가슴으로만 하는 건지도 모르겠다.

앞으로 나는 얼마나
더 많은 숫자들을 외고,
또 상실한 채 살아가게 될까?

설혹 내 마음이 그런 숫자들로 포화상태가 된다 해도
영원히 저장될 번호들은 자꾸만 늘었으면 좋겠다.

♬ 오지은 '날 사랑하는 게 아니고'

스물아홉 번째 크리스마스

눈을 감고 그대를 생각하면
돛대가 없어도 나는 바다를 가르네~ ♪

크리스마스가 지나가던 새벽 4시,
청명한 가을님의 목소리를 듣다
울컥 쏟아지는 눈물을 참아내었다.

도무지 잠이 오질 않는다.
방바닥에 떨어져 있는 긴 머리카락들을
스카치테이프로 떼어냈다.
창문을 열어 하얀 입김을 후~ 불고는
두터운 이불을 뒤집어썼다.
갑자기 숨이 막혀 온다.

머리를 풀어헤친 마음은
지금쯤 어디를 서성이고 있을까······.

집 나간 마음을 찾습니다

깔루아 밀크 몇 잔에 취해가던 그 밤-
왠지 나의 청춘이 이대로 끝날 것만 같아서
커다란 무언가를 잃어버린 것만 같아서
세상이 환해질 무렵까지 끝내 잠들 수가 없었다.

♬ 루시드 폴 '오, 사랑'

길 그 위 작은 숲속

따사로운 햇살에 비춰진 내 눈물

지쳐버린 내 약한 마음

여지없이 흔들리는 내 작은 영혼

사랑 미치도록 뜨거웠던

♪ Mate '긴 시간의 끝'

행복병

털썩 주저앉고 싶은 순간이 있다.
모든 걸 놓아버리고 그만 정지해버리고 싶은 순간,
너무 멀리 와버린 내가 주체할 수 없이
미워지는 순간이 있다.

비상등에 빨간 불은 이미 오래 전에 켜졌는데,
STOP 표지판을 무시해버리고 줄곧 달리기만 했다.

'달리다보면 그래도 웃는 날이 올 거야.'

포기할 수 없으므로 그냥 그렇게 믿었다.
하지만 덕분에 나는 목이 탔고
몸 안에 가득 찬 모래는 씻어도, 씻어도 계속 나왔다.
그렇게 나는 나를 돌보는 법을 잊어 갔다.

내 안의 아이는 수시로 칭얼댔지만
나는 '이따가 사탕 줄게'라는 말만
주문처럼 중얼대고 있었다.

그런데
지금 행복하지 않은 내가,

과연 이따가는 행복할 수 있을까?

집 나간 마음을 찾습니다

꼬마놀이

아빠가 아이의 손을 꼭 잡아주며 묻는다.
"경희랑 싸웠니?"
아이는 고개를 끄덕이다 급기야 흐느낀다.
"아빠가 내일 경희 혼내줄게."

나는 이윽고 꼬마가 부러워진다.
고작 친구랑 싸웠다고 울어도 되다니.
저런 사소한 일로 위로를 받을 수 있다니.

별의별 일을 다 겪으면서도 나잇값 못한다고 할까봐,
꽁꽁 싸매었던 서글픔만 100톤 트럭…….

어쩌면 어른이 된다는 건
감정을 숨겨야 하는 것,
슬퍼도 참아야 하는 것,
아파도 웃어야 하는 것.

나는 정말이지 철들고 싶지 않다.

1 리터의 눈물

집 나간 마음을 찾습니다

뭐, 그리 대수로운 일은 아니었다.
그 아이는 평소와 같았고, 다르게 느낀 건 나뿐이었다.
"서운해" 한마디를 내지르고는 10여 분을 울었다.
그런데 이상하게 눈물이 멈추질 않았다.

뭐, 전혀 슬픈 노래는 아니었다.
마시자 마시자 술을 짝짝 마시자
오늘 하루도 지치도록 뛰어온 너와 나~ ♪

학창시절 이후 10년 만에 노래를 들으며 울었다.
심야에 TV를 보며 나는 그렇게 섧게 울었다.

어쩌면 나는 단 한 번도 나를
온전히 놓아준 적이 없는지도 모르겠다.

♪ 크라잉넛 '마시자'

빨래를 해야겠어요 오후엔 비가 올까요
그래도 상관은 없어요 괜찮아요

뭐라도 해야만 할 것 같아요 그러면 나을까 싶어요
잠시라도 모두 잊을 수 있을지 몰라요

♬ 이적 '빨래'

슬픔에 대처하는 그녀들의 자세

A는 빨래를 하기 시작했다.
비누를 잔뜩 칠해서 박박 문지르고 헹구고
'아무래도 때가 덜 진 것 같아' 혼잣말을 하며
옷이 다 닳도록 문대고 또 문댔다.

C는 양치질을 하기 시작했다.
칫솔에 치약을 꾸욱 눌러 짜서는
좌로 우로, 위로 아래로, 거품을 물고
3분이 넘도록 치카치카 칫솔질을 했다.

S는 청소를 하기 시작했다.
청소기의 소음에 맞춰 못생긴 춤을 추었고,
낡은 수건을 걸레로 둔갑시킨 후
닥치는 대로 먼지를 훔쳐냈다.

J는 목욕을 하기 시작했다.
욕조에 따뜻한 물을 받아놓고 20분간 몸을 불린 후
이태리 타올로 힘주어 구석구석 때를 밀었다.

집 나간 마음을 찾습니다

그녀들은 너무 슬퍼서
단순 노동 말고는
아무것도 할 수가 없었다.

오늘도 웃는다

괜찮지 않은데 괜찮은 척 참는 건
자기 학대겠지만
'나 아파요, 나 슬퍼요' 말하면
진짜 더 그렇게 될까봐
참을 수 없어지게 될까봐

마음을 있는 힘껏 동여매고
아무 일 없는 것 마냥 그렇게 웃는다.

마음 비우기 연습

노트북이 할머니가 되어 벌써 여러 번 말썽이다.
만으로 6년이란 세월을 함께했으니
이젠 쉬고 싶을 때도 되었다.
노트북 입장에서 보면 가난한 주인 덕분에
병원만 들락날락할 뿐 생명을 연장하고 있으니
고마운 일일 것이다.
물론 내 입장에선 부수지도 못하겠고 그저 탄식만 샌다.
4박 5일 대만 여행으로 집을 비우는 동안
그녀는 마지막으로 병원을 다녀왔다.

휴대전화가 2년째가 되니 꺼내놓기 민망하다.
너도나도 현명한 전화기를 자랑하는데
긁히고 손상된 두 살배기가 마치 내 모습 같다.
바꾸고 싶어도 남은 할부금과
혹시 올지 모를 그의 연락이 손목을 잡는다.
1박 2일로 간 엠티에서 주인이 고기를 맛있게 먹는 동안
녀석은 바닷물을 실컷 마셨다.

집 나간 마음을 찾습니다

노트북은 마지막 입원으로 결코 버려선 안 될 것들까지
모조리 깨끗하게 포맷되었고,
휴대전화는 나의 소중한 인연들의 번호를 삼켜 버린 채
순수하게 바보가 되었다.

마음에 쥐고 있던 것들의 행적이 묘연해지니
기분이 아연해진다.
오래 전에 보내줬어야 했는데
억지로 붙잡고 있었던 것들……

*그래,
이참에 모든 걸 잊고
새로 시작해볼까?*

엄마, 나 오늘 좀 늦을 거야

"이십대 때는 늦어도 새벽 2시까진
집에 들어가야 할 것 같았는데,
지금은 4시까지 놀아도 괜찮을 것 같아요."
올해 서른이 되었다는 한 가수의 이야기.

누군가 이십대를 지나오며 내게
가장 후회되는 게 무어냐고 묻는다면
제대로 놀지 못한 것,
멋지게 사랑하지 못한 것이라고 말하리라.
학교 좀 결석한다고, 나쁜 남자와 사랑에 빠진다고,
친구와 노느라 외박을 한다고 내가 어떻게 되지는 않는데,
그냥 그러면 안 될 것 같았던 30년 모범생.
그게 바로 나였다.
조금의 일탈과 약간의 반항은 분명
나를 성장시키는 자양분이 되었을 텐데,
뭐가 그렇게 겁이 났던 걸까?

집 나간 마음을 찾습니다

'새는 알을 깨고 나온다.'

문득 고등학교 시절에 읽었던
《데미안》의 한 구절이 발걸음을 재촉한다.

엄마, 나 오늘 좀 늦을 거야!

새봄맞이

손바닥으로 바닥을 쓱— 훑으니
쾌쾌한 먼지 냄새가 인다.
참을 수가 없어 문밖을 나선다.
근원을 알 수 없는 여러 냄새가 뒤섞여
이상한 향수를 일으킨다.

산다는 건 생각나지 않는 일이 많아지는 거라더니
기분이 왜 이 모양인지, 무엇이 힘들고 소슬한지
분명히 이유가 있을 텐데 생각하는 것마저 귀찮다.

어렸을 땐 모든 게 단순 명료했다.
무슨 일이 생겨도 뛰어놀다보면
금방 잊어버렸다.

언제부터 이렇게 복잡해진 걸까?
그때그때 살폈어야 했는데 사실 나는 두려웠다.
끝까지 이유를 찾지 못할까봐 두려웠고,
찾다가 지쳐버릴까봐 두려웠고,
예상보다 깊은 상처를 확인하게 될까봐 두려웠다.

웅숭그리던 마음에 겨우 기지개를 켜고 보니
오랜 찌든 때로 너저분하다.

며칠이 걸릴지도 모르겠다.
어쩌면 생각보다 길고 지루할지도 모르겠다.
하지만 이왕 시작했으니
며칠이고 쓸고 닦기를 반복해야겠다.

굳은살 1

집 나간 마음을 찾습니다

'강한 마음을 갖고 싶어.'

스타킹을 신으려고 발을 펴던 그녀는
단단해진 발뒤꿈치를 매만지며 새삼 생각했다.

마음도 자꾸 쓰다보면 이렇게 굳은살이 배길까.
그렇다면 얼마나 더 아파야 할까.

사랑은 상처받는 것을 허락하는 일이라는데
사랑을 하는 것도
그 사랑이 끝나는 것도
하루하루 생채기가 늘어가는 것도
전혀 익숙해지지 않는다.

조금 덜 행복해도 괜찮으니
조금 더 단단해졌으면 좋겠다.

인생은 복불복

수면 부족 탓에 몽롱한 상태로 허겁지겁 준비해
버스 정류장으로 내달렸는데 버스가 꽁무니를 빼며 도망간다.
5분만 기다리면 다음 버스가 오는데도
마음은 발을 동동 구른다.
승용차로 10분이면 갈 거리를 버스를 갈아타고 걸어
50분이나 허비하는 인생도 울적한데
갈아타려는 버스마저 거짓말처럼 코앞에서 떠나버린다.
놓쳐버린 버스를 따라 죽을힘을 다해 뛰었지만
야속한 기사님은 끝내 나를 외면한다.

분명 어제 신어보고 산 신발인데
오늘 아침엔 왜 이리 작은지 발가락이 아프다.
내가 보낸 메일을 열다 컴퓨터가 다운되었다며
여러 차례 문자가 온다.
우산을 두고 나왔는데 굵은 빗방울이 떨어지기 시작한다.

왜 세상은 꼭 연달아 내게 심통을 부리는 건지,
꼭 나한테만 그러는 것 같아 눈물이 날 것 같다.

그런데 생각해보니
어제는 버스가 내 앞에서 딱딱 멈춰 섰던 것 같고,
맛있는 점심을 배부르게 먹어 기분이 좋았던 것 같고,
오랜만에 걸려온 전화에 가슴이 콩닥콩닥 뛰었더랬다.

하루하루는 그저 복불복 게임처럼
운이 좋은 날과 나쁜 날이 번갈아 찾아올 뿐인데

왜 좋은 일만
금세 잊어버리는 것일까?

내가 웃는 게 웃는 게 아니야

"나 미쳤나봐. 왜 이렇게 웃기지?"
나는 연신 눈물까지 훔쳐가며 꺼이꺼이 웃어댔다.
친구는 "얘가 왜이래. 그러는 네가 더 웃기다"며 따라 웃었다.
하지만 한번 터진 웃음은 그칠 줄 몰랐고
나는 말을 꺼내려다 웃고, 또 말을 하다가 웃고
그렇게 전화기를 붙들고 5분을 정신 나간 사람처럼 웃어댔다.

"내가 오늘 연극을 봤는데
마지막에 여주인공이 부케를 관객 쪽으로 던졌어.
근데 그게 어떤 남자의 얼굴을 제대로 강타해버린 거야. 킥킥!
당황한 그 남자가 본능적으로 부케를 뒤로 쳐냈는데
그걸 또 뒤에 있는 남자가 정확히 받았어. 하하하!"

"그게 그렇게 웃겨?" 친구는 물었다.
"응! 너도 봤으면 정말 재미있었을 텐데.
아~ 자꾸 생각나서 말을 못 하겠어."
나는 너무 웃는 통에 얼얼해진 뺨을 어루만지며
흐르는 눈물을 닦았다.

"근데 친구야~
난 왜 마음이 안 좋을 때면
별 일 아닌 게
이렇게 너무너무 웃긴 걸까?"

왜 일까?
흐트러진 감정선 탓일까?
슬픈지도 기쁜지도 모르고 제멋대로 샘솟는 눈물.
왜 일까?

리허설이 더 감동적인 이유

방송 보단 녹화 현장이 재미있고
녹화 현장 보단 리허설이 더 감동적인 안타까운 현실에 대하여.

대한민국 최고의 가창력을 자랑하는 가수가 노래를 부른다.
리허설 때 스태프가 박수를 치는 일은 거의 없는데
그는 아낌없는 박수를 받았다.
그리고 녹화가 시작되었다.
스태프들은 하나 같이 리허설만 못하다며 아쉬워한다.
대부분의 가수가 본 녹화에선 제 실력을 발휘하지 못한다.
왜일까…… 곰곰 생각해보니 이유는 아주 단순명료하다.
불필요한 힘이 들어갔기 때문이다.

학창시절, 발표시간이면 늘 얼음이 되어버리는 내게
담임선생님께서 이런 말씀을 해주셨다.

"앞에 있는 사람들을 그냥 호박이라고 생각해버려."

집 나간 마음을 찾습니다

나는 선생님의 재치에 긴장이 풀어져 그만 웃어버렸고
덕분에 발표를 무사히 마칠 수 있었다.

긴장의 끈을 느슨하게 풀어놓으면
마음의 나사를 헐겁게 풀어놓으면
욕심이 과해 부대끼던 많은 일들이 저절로 잘 되어간다.
그것이 인생의 진실이자 아이러니다.

혼자 걷는 길

남들과 다르게 살고 싶었다.
아니 나 자신으로, 가장 나답게, 나스럽게 살고 싶었다.
평범하게 사는 게 제일 힘들고 가장 행복하게 사는 법이라지만
나는 나를 탐구하며 나만의 시계에 맞춰 살고 싶었다.
세상에 손톱만큼의 자국이라도 내고 싶었다.

재수 없이, 휴학 없이, 구직 없이
10년을 스트레이트로 내달린 시간.
처음의 나는 남들보다 빨리 걸었다.

나보다 늦게 사회로 나온 친구들이 진급할 때,
연차에 맞지 않는 업무와 연봉으로 한없이 작아지던 시간.
지금의 나는 남들보다 느리게 걷고 있다.

함께 걸을 사람이 없다는 건, 어쩔 수 없이 외로워지는 일.
다들 바쁜데 나만 제자리걸음인 것 같아 불안함이 어슬렁댄다.

휴, 나만의 속도로 살아가는 일이
이토록 슬픈 일이었나.

서른에 대한 환상

집 나간 마음을 찾습니다

그 날은 공교롭게도 출연하는 가수가
모두 서른 살인 기묘한 날이었다.

"서른이 되니까 어때?
뭐가 좀 달라진 것 같아?"

나의 물음에 린은 이렇게 대답했다.

"음, 좀 섹시해지고 노련해진 것 같아."

누구나 한번쯤은 서른에 대한 환상을 품어봤을 터.
나 역시 서른이 되면 질풍노도의 먹구름은 모두 걷혀지고
마음에는 평화만이 온전히 자리할 줄 알았다.
그런데 이게 웬걸, 나는 10년 전의 나와 별다를 게 없었다.
여전히 대중교통을 애용하고,
개편 때마다 스트레스를 받으며,
멋진 애인은커녕 B급 애인도 없다.
결혼한 친구들은 말들은 많아도 인생의 동반자라도 얻었지.

'안 생겨요'를 울부짖는 말로만 화려한 싱글은 늘 불안에 떨었다.
게다가 앞자리 숫자가 바뀌니
청춘까지 저무는 듯한 껄끄러운 기분이란.

그런데 린의 말처럼 서른이 꼭 나쁜 것만은 아닌가 보다.
나 역시 막상 서른이 되니 많은 것들을 비우게 됐고
마음은 그 크기만큼 편안해졌다.
이십대 때는 밤톨만한 일 하나로도
세상 고민 다 짊어진 듯 괴로워했지만
이제는 그런 것들도 결국엔 지나가고
사람에 따라 필요한 시간의 길이는 달라도
결국엔 어떤 일이든 잊힌다는 걸 알게 되었다.
나는 아직 꼬맹이에 불과하지만
연륜이란 게 이래서 무섭다는 거구나, 알 것 같았다.

나이를 먹어간다는 건 참으로 흥미로운 일이다.
10년 후의 나는 또 어떤 생각으로
하루하루를 살아가고 있을지…….
어느 나이를 살든, 생각은 늙지 않고
여유와 관록만으로 빛이 났으면 좋겠다.

가끔은 세상일에 즉각즉각 반응했던 시절이
그립기도 하지만

뭔가 좀 더 의연해진
'서른' 역시 꽤 삼삼하다.

집 나간 마음을 찾습니다

작가는 상처받지 않는다

언제 그랬는지 무릎이 멍이 들어 시퍼렇다.
멍을 꾸욱 눌러보다 문득 '상처'라는 단어로 생각이 옮아간다.
영화 〈시라노; 연애조작단〉에서 주인공 희중은
조개탕에 커플링을 빠트리는 것으로 사랑의 종지부를 찍고,
그것은 그녀의 트라우마가 된다.
그리고 훗날 그 트라우마는 새로운 사랑인
상용의 조개 프러포즈로 극복된다.

'트라우마는 저렇게 극복하는 거예요.'

'멋지다'라는 감탄사가 절로 나오는 이 얼마나 멋진 상황인가.
하지만 실제 우리 삶 속에서 저 영화처럼
로맨틱한 상처 극복기는 존재하지 않는다.
나는 과거의 기억에 사로잡혀
현재의 나를 끊임없이 괴롭힐 뿐이고,
어느 누구도 나의 생채기에 약을 발라주진 않는다.
사실 지난 일은 지난 일일 뿐인데
머리로는 알면서도 가슴은 말을 안 듣는다.

오히려 조금이라도 유사한 기미가 보이면
벌벌 떨기부터 시작하고, 불면의 밤이 나를 장악한다.
하지만 대부분 그 일은 아무렇지 않게 지나가며
과거와 똑같은 형태의 '안 좋은 일'은 일어나지 않는다.
어쩌면 상처라는 건 다분히 개인적인 취약점,
아킬레스건에서 비롯되는지도 모르겠다.

J는 순탄하게 진행되던 사랑이
말도 없이 종적을 감추는 일을 연이어 겪게 된다.
이후 J는 다가오는 사랑에게 보이지 않는 '벽'을 둘렀고
단 몇 시간이라도 그와 연락이 닿지 않으면
손톱을 깨물며 불안해한다.
과거 '사랑의 실패'는 그녀의 탓이 아니었고,
비단 그것은 우연에 불과했으며,
나쁜 사랑이 끝나버린 것은
되려 축하해줘야 할 일인데도 말이다.

C는 13년 지기 절친에게서 연락 두절이라는 선고를 받는다.
가장 견고하다고 믿었던 우정이 무너지자
그는 여타의 관계에서조차 불능이 되어버린다.
사람들의 호의와 애정을 시니컬하게 보게 되었으며
'너도 그럴 거잖아'라는 과대망상에 빠지게 된다.
단지 그들에게는 관계의 전환과 서로를 돌아볼 시간이
필요했을 뿐인데도 말이다.

누구에게나 상처는 있다.
하지만 어떤 일이 취약점으로 상처가 되었을 때,
용기 있게 그것을 바라보는 일은 생각만큼 쉽지 않다.
나의 상처와 마주하는 것,
호~ 입김을 불어주고 연고를 발라주고
반창고를 붙여주는 것으로 나는 비로소 성장한다.
그리고 반드시 기억해야 할 건,
흉터는 남았어도 아픔은 지나갔다는 것이다.

얼마 전 K는 다리를 다쳤다.
하지만 목욕관리사는 그의 상처는 아랑곳 않고
오른쪽 다리의 때를 밀었고,
K는 고통에 몸부림치며 목욕관리사를 원망했다.
그런데 목욕 후 옷을 갈아입으며 그는 알게 되었다.
상처는 왼쪽 다리에 있었다는 것을.

어쩌면 상처는 어느 곳에도 없었는지도 모른다.
단지 마음이 모든 것을 결정한 것이다.

'작가는 상처받지 않는다. 모두가 글감이다'라는
노희경님의 글처럼
진정 쿨해져야 할 순간이 왔다.

첫차

사전 MC* 딩동오빠가 차를 샀다.
운전면허를 따면 가장 먼저 태워주겠다더니
녹화 전날 문자가 왔다.

✉ 작가님,
　내일 귀가 서비스 실시합니다

우리 모두는 녹화가 끝나자마자 쪼르르 달려 나가
딩동오빠의 생애 첫 차를 구경했다.
행사 때 쓸 물품들이 잘 정리된 트렁크,
어머니가 사주셨다는 귀여운 팬더 방향제,
폭신한 쿠션이 놓여 있는 뒷좌석…….
일일이 문을 열어 자랑하는 오빠의 모습에
불현듯 가슴이 시큰해온다.

첫눈, 첫걸음마, 첫사랑, 첫키스…….
처음은 언제나 설레고 소중하다.
이어서 오빠는 지갑을 열어 운전면허증을 보여준다.

누가 개그맨 출신 아니랄까봐,
사진 속 오빠의 익살스런 표정에
나는 그만 '풋~' 하고 웃음이 터졌다.
따라 웃는 오빠의 얼굴이 그 어느 때보다도 행복해 보여
덩달아 기분이 좋아졌다.
"오빠의 이 기분이 적어도 한 달은 지속되었으면 좋겠어요."
그러자 오빠가 대답했다.
"그보다 훨씬 오래 갈 것 같아요."

나는 언제 지금의 그처럼 행복했던가.
기억이 나질 않는다.
분명 내가 첫걸음마를 뗐을 때
우리 부모님은 손뼉을 치며 좋아하셨을 테고,
내가 첫사랑에 빠졌을 땐 심장이 쫀득쫀득했을 텐데…….
점점 많은 것들에 무뎌지고 있다.

---

* 사전 MC는 객석과 무대 사이에 계단을 놓는 존재로서, 방송 시작 30분 전부터 객석을 정리하고 분위기를 띄우는 역할을 한다. 대표적인 인물로는 〈윤도현의 러브레터〉 사전 MC로 시작해 재치 있는 입담의 국민 MC로 거듭난 '김제동'을 들 수 있다.

깁니긴 마음을 찾습니다

인생 드라이브

딩동오빠의 첫차를 타고 이동하면서
이런저런 의미있는 이야기들을 나누었다.

"작가하길 잘한 것 같아요?"
나의 대답은 좀 시크하다.
"어떻게 일이 좋기만 하겠어요. 오빠는요?"
그는 예상 밖의 대답을 한다.
"난 지금 하는 이 일이 참 좋아요.
하루에 이천 명을 만날 수 있는 직업을 가진 사람은
나밖에 없을 걸요? 많은 사람과 소통할 수 있다는 건
대단한 행운인 것 같아요."

그의 긍정 에너지가 불시에 밀어닥치고,
곧이어 나의 회의주의가 기절을 한다.
물론 나도 내 일을 꽤 좋아한다.
언젠가 재미삼아 본 사주에 아저씨는
나의 생년월일시를 따져보더니 바로 작가냐고 물었다.
그런 걸 보면 천직인 듯도 한데,

같은 일을 7년 가까이 하다 보니
이틀에 한 번 꼴로 궁금해진다.
지금 제대로 살고 있는 건지, 왜 이 일을 하고 있는 건지,
이 길의 끝은 어디인지, 내가 진정 원하는 건 무엇인지.
그런데 그의 대답을 들으니
스스로에게 너무 안일했다는 생각이 일었다.

아이디어가 떠오를 때마다 휴대전화에 입력하고,
매주 다른 웃음거리를 마련해 무대 위에 오르고,
심지어 대기실에서조차 재미를 선사하는 그.
그는 항상 자기 일의 좋은 점을 생각했고,
사람들의 조언을 겸손하게 받아들였으며
늘 열정적으로 자신을 가꾸었다.
정작 나는 생각만 많아서 산으로, 산으로 가고 있었다.
문득 영화 〈먹고 기도하고 사랑하라〉 속 이야기가 떠오른다.

어떤 이탈리아 남자가 성자상 앞에서 매일 매일 기도를 했다.
"제발, 제발, 제발 복권에 당첨되게 해 주세요."
그러자 어느 날 신이 참지 못하고 나타나서는
그에게 소리를 질렀다.
"인간아! 제발, 제발, 제발 복권이나 사고 빌어라."

오늘의 과제 _

현재에서 감사할 것들을 발견할 것.
감사할 것이 없다 여겨질 땐 과감히 떠날 것.
어디에 있든 나를 바로 읽을 수 있도록
마음의 균형을 잡을 것.

Second

그냥 너는 내가 좋아하는 사람이었다.
막상 얼굴도 기억해내지 못하는
그냥 내가 좋아하는 사람

언제부터였을까?

나도 누군가의 삶에 이토록 아무렇지 않게
스며든 적이 있었을까?
그녀는 문득 궁금해졌다.

언제부터였을까?
젖은 빨래가 바람에 금세 마르는 것처럼
엎질러진 물이 기어코 증발하는 것처럼
그냥 내게 너는,
너라서 타당하고 내 옆에 있는 게 마땅했다.

언제부터였을까?
네 옆에 내 심장은 평소보다 조금 더 두근댔고
그저 나는 편안했으며, 기분이 두리둥실 좋았다.
마치 저 끝까지 올라간 바이킹이
70도 각도에서 하강하는 순간의 무중력처럼
고속 엘리베이터가 급속도로 상승할 때의 먹먹함처럼
조금은 어리둥절하고 더럭 겁이 나기도 했던 하루―

... 설마
설마

언제부터였을까?

너의 이런 점이 좋았다

나는 너의 이런 점이 좋았다.
평소 툭툭 던지듯 무뚝뚝한 말투의 네가
나에게만 "아라또~" 대꾸하는 게 좋았다.

나의 손짓 하나에 방금 꺼내 문 담배를 꺼버리고는
'네가 싫다면 담배쯤은 얼마든지 참을 수 있어!'
표정을 지을 때가 무척이나 좋았다.

어정쩡한 시간, '배고파'라는 문자 하나에
"밥 사줄게 나와!"
전화하던 자상함이 미치도록 좋았다.

우울하다는 내게
"바다 보러 갈래?"
무작정 정동진으로 차를 몰던 놀라운 추진력이 좋았다.

여섯 살이나 어린 내가
"찬희야~"
네 이름을 막 불러대도 귀여운 듯 바라봐주던 그 눈빛이
사정없이 좋았다.

"책 내면 잘 될까?"
라는 나의 물음에
0.1초도 고민하지 않고 "응" 하고선
바로 "반반"이라고 번복한
나만큼이나 솔직하다는 점이 좋았다.

나는 너의 이런 점들이 너무도 좋았다.
나는 너의 이런 점들이 지금도 못 말리게 좋다.

코를 골아도 듣기 좋아 냄새가 나도 향기로와
씻지 않아도 너무 빛이 나서 죽겠네

이러다 정말 미쳐 돌아버리면 어쩌나
이러다 진짜 숨이 덜컥 멎으면 어쩌나

♪ 10cm '죽겠네'

아무리 생각해도

나는 네 손을 슬며시 잡으며 말했다.
가슴이 요동치는 것과는 정반대로 최대한 담백하게-

"떡볶이 사줘."

그렇게 우리는 튀김을 떡볶이 양념에 묻혀 먹으며
서로 관심도 없는 시답잖은 얘기를 나눴다.

그때 나는 처음으로 알아차렸다.
4년을 넘게 알아온 우리가
제대로 눈도 맞추지 못한다는 것을.
그랬다. 휴대전화에 네 이름이 뜨면
나는 한결같이 네 얼굴을 어슴푸레 떠올렸지만
정작 네가 어떤 눈과 어떤 코와 어떤 입을
가졌는지에 대해서는 모르고 있었다.

그냥 너는 내가 좋아하는 사람이었다.
막상 얼굴도 기억해내지 못하는
그냥 내가 좋아하는 사람.

아무리 떠올리려 해도
떠오르지 않는 얼굴이 있다면
어쩌면
그를 무진장 사랑하고 있는지도 모를 일이다.

친구와 애인 사이

"너 이렇게 쉬운 여자였어?"

태어나 처음으로 이런 말을 들었다.

남자친구도 아니면서
다른 남자랑 커피 한 잔 마셨다고 구박을 한다.
그런데 기분이 나쁘지 않다.

심심할 때 가장 먼저 떠오르는 친구가 있다.
커플석에 앉아 19금 영화를 보아도
어색하지 않은 친구가 있다.
카페에서 아무 말 없이 딴청을 부려도
편안한 친구가 있다.
그런데 녀석이 요즘 조금 수상하다.

일주일 동안 아무런 연락이 없으니 툴툴 화가 난다.
주말마다 만나면서도 친구를 강요했던 건 바로 난데,
막상 너의 부재를 접하고 나니 어찌할 바를 모르겠다.

한때 네 손끝만 봐도 심장이 덜컹이던 때가 있었다.
하지만 몇 번의 이별 후
나는 너만은 잃고 싶지 않다는 결론을 냈고,
감정을 눌러 담아 여기까지 왔다.
그런데 이번엔 네가 한때의 나처럼 수상하다.

10년째 한결같은 통화 연결음.
다섯 번째 노래를 듣는데 너의 무심한 목소리가 들린다.

나는 다짜고짜 소리부터 질렀다.

"너 이렇게 나쁜 남자였어?"

처음처럼

악수를 하자는 듯 내민 손에 처음 손을 잡혀버렸던 그날.
너는 내 손이 차다며 구박 아닌 구박을 했고,
나는 마음이 따뜻해서 그런 거라며 변명 아닌 변명을 했다.
그때 너는 가방이 무거워 보인다며 빼앗다시피 가져갔고
내 삶의 무게까지도 짊어질 듯한 멋진 표정으로
나를 반하게 했다.

1년 전 우리는 그랬다.
서로에게 마음을 빼앗겨 어쩔 줄 몰라 했다.
그런데 지금 우리는 이상한 변명을 주고받으면서도
서로를 놓지 못하고
연락하지 못하는 핑계와 만나지 못하는 구실은 늘어만 간다.

그러다가 9개월 전 네가 보냈던
네 장에 걸친 장문의 편지를 다시 꺼내어 읽게 되었다.
우리 이토록 서로가 소중하고 간절했는데…….

처음처럼
오늘 처음 만난 사이인 것처럼
마지막처럼
내일 다시는 못 볼 사이인 것처럼

시소

참 이상하다.
일상은 떠나면 그립고
돌아오면 진부하다.

그녀는 일상 같은 그가 때때로 지루하고
막상 연락이 없으면 또다시 찾고만 싶어진다.

사람 마음이 날씨만큼이나 오락가락한다.
제 길을 잃고 갈팡질팡한다.

그녀는 도통 알 수가 없다는 표정을 지었다.
"분명해. 이건 일방적인 감정은 아니야!
근데, 왜 우린 서로를 답답해하는 거지?"
그러자 C가 당연하다는 듯 말한다.
"몰라서 물어? 너희 둘 다 겁쟁이라서 그런 거야."

이제 그만 시소에서 내려오고 싶다.

사랑을 말하기엔

내가 너무나
익숙함에 길들여진 사람이었고

미안하다 말하기엔

내가 너무나
흔해빠진 사람처럼 보일 뿐인데

♪ 뜨거운 감자 '시소'

농담

아주 오랜만에 너와 나란히 길을 걸었다.
떨리는 마음을 감추려 태연한 척 웃었지만
사실 나는 이미 발그레~ 소녀가 되어 있었다.

우리 둘을 아는 누군가 환한 미소로 묻는다.
"둘이서만 어딜 갔다 오는 거야?"
그러자 네가 장난처럼 대꾸한다.
"둘이 데이트 좀 하고 왔어요."

농담. 가슴이 철렁 내려앉는 아주 나쁜 농담.
우연히 마주친 너와 나의 방향이 같아 생겨난
아주 못된 농담.

그러고 보니 3년 전쯤엔 이런 일이 있었다.
모처럼 꽃단장한 나는 퇴근길에 너와 마주쳤고,
너는 장난삼아 내 손을 잡으며 이렇게 말했다.
"오빠랑 데이트 하러 가자."

농담.

너는 그냥 할 수 있는 농담.

농담.

나는 며칠을 곱씹었던 농담.

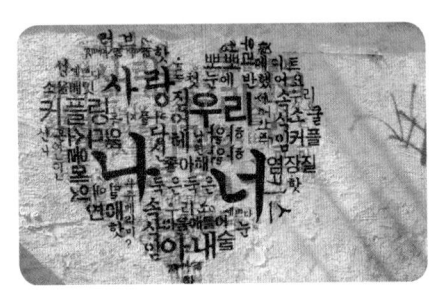

집 나간 마음을 찾습니다

선택의 순간

생각만으로 눈물이 나는 사람이 있다면
그건 사랑일까?

무심코 한 낙서가 네 이름만으로 채워진다면
그건 사랑일까?

사랑이면
고백해야 하는 걸까?

알파 센타우리

TV를 보기 위해 로그아웃 하려는 나를 그가 붙잡는다.

그냥 자리 비움으로 해놓고 다시 와,
그래야 옆에 있는 것 같아.

그리고 그는 이야기를 시작했다.

내가 '알파 센타우리*' 얘기 했었나?
한때 지나간 일들이 너무 아쉬워서 하늘의 별을 보면서
그리웠던 시점의 별을 찾은 적이 있었어.
그게 바로 알파 센타우리, 그러니까 대략 4년 전의 별이지.
작년까지는 사무치게 그 별로 날아가고 싶었는데
지금은 그런 생각이 안 드네.

그것은 너의 고백이었다.

*알파 센타우리Alpha Centauri_ 지구에서 가장 가까운 별. 사수자리에서 가장 밝게 보이는 주계열성으로 4.3광년(빛이 1초에 30만킬로미터 속도로 4.3년 간 달리는 거리) 떨어져 있다.

내가 너의 폐허를 치유할 수 있을까?
내가 너의 공허를 채워줄 수 있을까?

나는 지금 이 모든 것이 설레고 또 두렵다.

큐피트 화살이 가슴을 뚫고 사랑이 시작된 날

또 다시 운명의 페이지는 넘어가네

나 당신 사랑해도 될까요 말도 못하고
　　　　　　　　한없이 애타는 나의 눈짓들

세상이 온통 그대 하나로 변해버렸어

♬ 심수봉 '비나리'

비나리

빨간 운동화,
물 빠진 청바지,
헐렁한 티셔츠.

그 날의 햇살,
그 날의 바람,
그 날의 우연.

어느 하나도 예사롭지 않았던 스침.
감히 나는 이 순간을 '지각 변동'이라고 부른다.

나를 만든 질료가 무엇이냐고 묻는다면
아마도 절반은 너일 거라고 답하리라.

오도카니 있을 수 없어 시작된 우리
제발······

너에게 간다

마음이 자꾸만 기운다.
어느 한 쪽에만 추를 달아놓은 것 마냥
자꾸만 기운다.

사랑은 그래서 좋은 것이 아니라
그래도 좋은 것.
마음이 자꾸만 기운다.

끝나감 마음을 찾습니다

화분

주말 오후 단잠에 빠져있는 네가 어서 깨어나기를-
달콤한 목소리로 내게 전화를 걸어주기를-

침대에 누워 비비적거리다 서둘러 일어난다.
행여 잠이 들어 너의 전화를 놓치게 될까봐.
나는 곱게 세수를 하고
뿌연 거울 속 뽀얀 맨 얼굴을 감상한다.

곧이어 전화벨이 울린다.
너는 잠기 가득한 목소리로 괜한 투정을 부린다.
그런 네가 귀여워 나는 웃음이 난다.

한 움큼의 햇살을 내게 비춰줘
한 모금의 샘물로 나를 적셔줘
언제나 지금처럼 내게 있어줘~ ♪

혼자 말도 안 되는 멜로디에 가사를 입혀가며
흥얼거린다.

3월 28일 토요일 오후 3시 33분.
너의 충분한 사랑으로

나는 반짝반짝 빛이 난다.

연애란

오늘은
   이렇게 좋은데 어떻게 헤어지지 했다가
내일은
   이런 애랑 어떻게 계속 만나지 하는 것.

남자들의 무심함이란

"아직 쌀쌀하잖아 바보야. 왜 이렇게 얇게 입었어?"
"오빠한테 예쁘게 보이려고."
어제, 추워하는 나를 위해 그가 둘러준 목도리.
몸보다 마음이 따뜻해지는 순간이었다.

그런데 그는 오늘 연락이 없다.

문자를 썼다 지웠다 하는 사이 밤 10시가 지났고
그의 아무렇지도 않은 첫 문자가 왔다.
나는 답을 하지 않았다.
30분쯤 지나자 전화가 왔다.
나는 받지 않았다.
창문을 열었는데 바람이 세차게 분다.
몸보다 마음이 추워지는 순간이었다.

때때로 남자들의 무심함이란
여자들을 이상한 집착에 빠트린다.

앵무새

장갑이 없었지만 휴대전화를 주머니에 넣을 순 없었다.
진동모드로 바꾼 후 꼭 쥐고는 시린 손끝을 불어가며
홍대에서 집까지 최대한 느린 걸음으로 50분을 걸었다.
그런데 걸을수록 기분은 더 나빠졌다.
'미리 말해줬으면 혼자 가지도 않았을 거야.
미리 말해줬으면 친구들이랑 놀았을 거 아냐.
미리 말해줬으면 밥이라도 먹었을 거야.'

듣는 너는 없는데 나는 계속 생각이 났고
그래서 화가 났다.
춥고 배고프고 눈물이 났다.

✉ 나 집에 간다

건조한 문자에도 답은 없었다.
내가 너무 바보 같아 자꾸만 눈물이 났다.

"사정이 있으면 못 만날 수도 있는 거잖아."

그게 너의 방식이었다.
쿨한 너와 만나려면 나도 쿨해져야 하는데
요즘 나는 도대체가 쿨해지지가 않는다.
너는 변함없이 쿨하고, 나는 변함없이 열이 나고
너는 심지어 차갑고, 나는 심지어 뜨겁다.

내가 '아'라고 말하면 '아'라고 답해주던
너는 어디로 간 건지,
나의 아름답던 앵무새는 어디로 날아간 건지,
존재하기는 했었는지, 도저히 알 길이 없다.
너는 변함이 없는데, 단순히 나의 결함이 빚어낸
애정결핍이면 좋으련만
유감스럽게도 아닌 것 같다.
오늘 밤 나는, 다시는 먼저 전화하지 않으리라 다짐한다.
그렇게라도 너와 거리를 두어야만 할 것 같다.
네게서 점점 멀어지는 연습을 하지 않으면
내가 버틸 수 없을 것만 같다.

좀처럼 따뜻해지지 않는 네가
좀처럼 식지 않는 내가
점점 더 두려워진다.

집 나간 마음을 찾습니다

나를 연애하게 하라

한 친구가 있었다.
그 친구는 매번 연애를 할 때마다 투덜거리기 일쑤였는데
정작 헤어지고 나서는 연애의 그림자를 쫓는 데 여념이 없었다.

또 다른 친구가 있었다.
그 친구는 타의 추종을 불허하는 연애 상담자였는데
막상 본인의 연애사에 있어선 그렇게 숙맥일 수가 없었다.

그리고 J양이 있었다.
그녀는 지나간 상처와 애꿎은 자존심으로 똘똘 뭉쳐 있었는데
버스가 지나간 후에 손을 흔드는 것 말고는
할 줄 아는 게 없었다.

TV, 영화, 책을 통해 그렇게 타인의 연애를
훔쳐보고 베껴봤으면서
우리는 왜 자신들의 연애 앞에선 유독 전전긍긍하게 되는 걸까.

어쩌면 그건 우리가 사랑을 하고 있기 때문은 아닐까?
눈도 멀고 귀도 멀고 심지어 심장까지 멎는다는
'이 죽일 놈의 사랑' 때문은 아닐까?

해도 고민, 안 해도 고민이라는 연애 앞에서

이제는 용기를 내고 싶다.
이제는 네 앞에서 멈추고 싶다.

벽

나는 너와 있는 시간이 즐거웠다.
나는 내내 웃고 있었고, 너 또한 웃고 있었다.
너는 길을 걷다 내가 귀걸이를 구경하면
'골라봐, 사줄게' 하는 착한 아이였다.
그렇게 집에서 네가 사준 귀걸이를 해보며
나는 또 내내 웃고 있었다.

사랑이란 건 어쩌면 이런 편안함이 아닐까?
심장이 쿵쾅쿵쾅 난동부리는 일은 없어도
그냥 자꾸 웃게 되는 이런 게 사랑 아닐까?
나는 나도 모르는 내 마음에게 묻고 또 물었다.

그리고 문자에 살포시 ♥를 넣어 보냈다.
이제는 심장이 쿵쾅쿵쾅 난동을 부린다.
하지만 너는 대수롭지 않은 듯 다른 이야기만 한다.

세상에서 가장 편한 네가
가장 불편하게 느껴지는 밤이다.

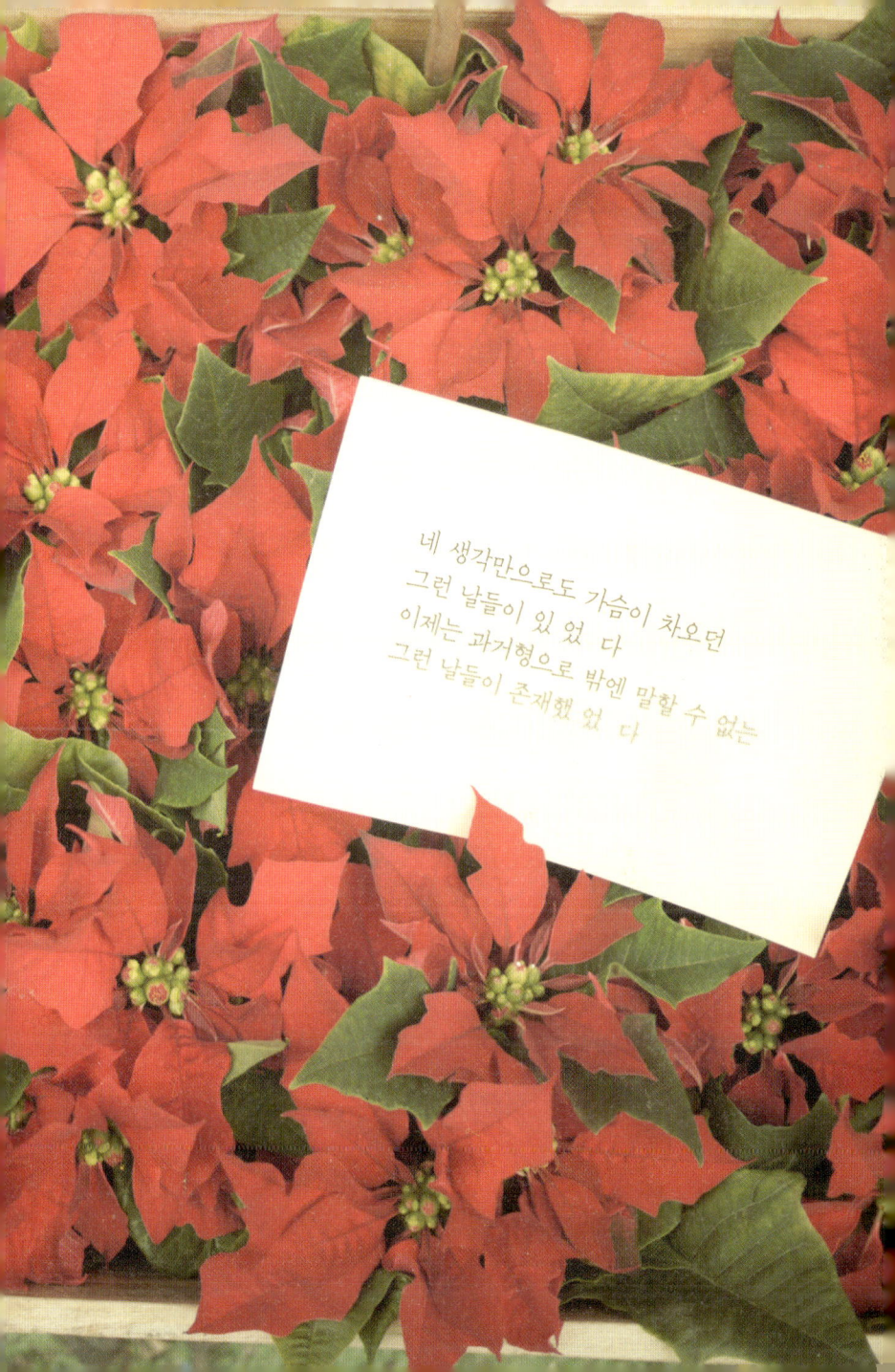

잘 지내

✉ 잘 지내

문자로 딱-
난 '잘 지내'란 말이 너무 싫다.
사람과 사람이 만나 지낸 시간이 얼만데
단 한순간에 모든 걸 정리해버리는 세 글자 '잘 지내'.
그 사람이 그 세 글자를 문자판에 찍으며
진정 나의 무사함을 빌어줬을까?
끝까지 착한 척 하고 싶었던 비겁함.
전화로는 속내가 들킬까 고작 문자로 찍어 보낸 '잘 지내'.

정말 사랑한다면 끝까지 지켜줘야 하는 것 아닐까?
난 사랑해서 헤어진다느니, 사랑하니까 보내준다느니 하는
불편한 거짓말 따윈 믿지 않는다.
그는 그냥 상황에 지쳤거나 마음이 변했거나 사랑이 식은 것뿐.
정말 사랑하는 사람과 이별하면서
'잘 지내'라는 말을 할 수 있는 경지에 오른 사람이라면
그는 단연코 그녀와 헤어지지 않았을 것이다.

그래도 조금은 날 그리워하며 울어줬으면 좋겠고,
단 며칠이라도 입맛이 없어 핼쑥해졌으면 좋겠고,
불면의 밤과 몸에 해롭다는 술과 담배로
누가 봐도 힘들어보였으면 좋겠다.

그게 상대에 대한 솔직한 마음 아닐까?
나중엔 행복하더라도 지금은 나 때문에 아팠으면 하는
그런 마음 -
'미안해. 잘 지내' 이런 말 따윈 다시는 듣고 싶지 않다.

빈 집

휴대전화를 손에 들고서도 전화가 울리는 줄 몰랐다.
버스 카드를 찍지 않아 기사 아저씨에게 꾸중을 들었다.
점심으로 뭘 먹었는지 기억이 나질 않는다.
지하철 세 정거장을 그냥 지나쳐서 20분이나 지각했다.
바로 옆에 다가온 너를 보지 못한 채, 앞만 보고 걸었다.
문자를 보낸다는 게 하필이면 헤어진 그에게 보냈다.

내가 요즘 왜 이러지?

마음이 덥다

누군가 우주에서 훅~하고
뜨거운 입김을 불어넣은 것처럼
마음이 덥다.
아침저녁으로 부는 바람은 서늘한데도
마음이 덥다.

누가 그랬던가,
지나온 시간은 없던 것과 같다고.
누가 그랬던가,

지금 알고 있는 걸 그때도 알았더라면.

과거진행형

사랑이 시작되자
세계가 너 하나로 좁혀졌다.

내 손을 슬며시 잡으며 주머니에 넣었던 일,
뽀뽀해달라며 아이처럼 조르던 일,
한쪽 어깨가 다 젖도록 내 쪽으로만 향해 있던 우산,
술 취한 밤 택시를 타고 내게로 왔던 청춘.

네 생각만으로도 가슴이 차오던
그런 날들이 있었다.
이제는 과거형으로밖엔 말할 수 없는
그런 날들이 존재했었다.

이제와 솔직히
　　　입맞춤보다 더 떨리던 나를

안아주던 그대의 품이 더 좋았어
　　　　　　　　내가 어떻게 해야

　　　　　　그대를 잊을 수 있을까

　　　　　　　♬ 에피톤 프로젝트 '나는 그 사람이 아프다'

사랑에 대한 정의

사랑은 새로운 나를 발견하는 것.
사랑은 타인에 대해 이해하는 것.
사랑은 끝없는 탐구 정신을 요하는 것.
사랑은 그럼에도 불구하고 좋은 것.
사랑은 참을 수 없는 것.
사랑은 도망가면서도 잡히고 싶어 뒤돌아보는 것.
사랑은 유치찬란한 것.
사랑은 천당과 지옥을 수없이 오가는 것.
사랑은 그와 나를 속이는 것.

그래도
'사랑은 해보는 게 백번 나은 것!'이라고 말하고 싶지만 사랑은 나를 잃어버리는 것.
지나치게 나를 탈진시켜버리는 것.
그렇게 우리는 빈털터리가 된다.

경험이 사랑을 망친다

기다렸던 고백을 들었다.
앞으로 함께할 시간들을 상상하는 것만으로도
마음이 천장을 붕붕 날아다닌다.
그러다 돌연 장애물에 부딪힌다.

네가 너무 좋은 건 맞는데-
마냥 좋기만 해야 하는데-
머릿속을 누가 마구 헤집어놓은 것 같다.

내가 너를 온전히 사랑할 수 있을까?
이번 사랑은 변하지 않을까?
우리는 끝까지 함께할 수 있을까?

온갖 쓸데없는 생각들이 소용돌이친다.

봄봄

겨울의 끝자락-
햇살이 봄 같아 재채기가 나온다.
바람 한 점 없어도 마음은 자꾸만 살랑인다.
어젯밤, 일주일 만에 만난 우리.
보고 싶은 마음을 참으면 별이 된다던 너는,
내게 안드로메다를 보여주었다.
내 얼굴을 만지던 너의 손길 때문일까.
일랑일랑 마음이 인다.
찬란한 봄날이 피어난다.

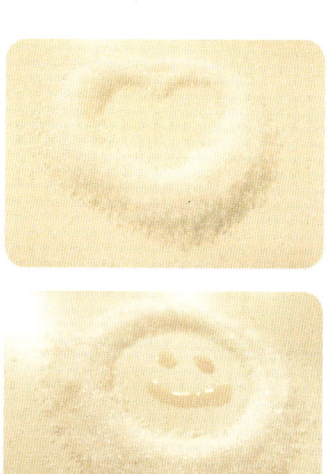

… 사랑한단 말이야

'보고 싶어.'
'원래 비오는 금요일 밤이면 아무나 보고 싶은 거야.'
'치, 진짜 보고 싶은데.'
'너 앞으론 나, 형이라고 불러! 난 여동생은 안 키워.'

겨우 꺼낸 그녀의 말이 무참해지던 밤.
부러 그러는 그의 마음까지 헤아려버린 밤.

지독한 평행-
끝나지 않은 이야기…….
우리의 마음은 언제까지 술래잡기를 할까.

조금 덜 생각하고
　　조금 더 용기내줘.

우리 카페나 할까?

3월에 내리는 눈을 맞으며 언제쯤 봄이 오려나 싶었는데
어느새 노오란 개나리가 드문드문 보인다.
이제 곧 벚꽃으로 여의도는 북적북적 하겠구나 싶어
마음이 괜히 들뜬다.
그냥 집에 가기가 허전해 오랜만에 너를 방문했다.
그리고 날 위한 굴튀김에 열중한 너의 뒷모습을 감상하며
말문을 열었다.

오늘 날씨 진짜 좋더라! 꽃 핀 거 봤어?
    응. 봄이 왔나봐 난 나중에 꽃집을 할 거야.
그럼 난 커피숍! 너 그 옆에다 꽃집 할래?
    그럴까? 전면이 통유리로 되어 있으면 좋겠지?

그동안 몰랐던 너의 꿈과 조우하는 동안
어느새 굴튀김이 완성되고 너는 마요네즈와 피클을 버무린
그럴 듯한 소스까지 함께 내왔다.
그리고 내가 칼로리를 걱정하면서
3분의 2를 먹어치우는 동안

너는 노곤했는지 침대로 가서 잠이 들었다.
조용히 설거지를 하고 너에게 오랜만에 쪽지를 쓰는
내 마음도 어느새 나른해온다.

    오늘 너의 요리는 정말 최고였어.
    고마워. 덕분에 마음이 편안해진다.
    깨거든 바로 문부터 잠그고, 쉬어.

    P.S. 우리 가게 이름은 '쉼표' 어떨까?

시청역입니다

터져 나오려는 울음을 애써 꾹 참으며 주위를 둘러보았다.
지하철 안.
붐비는 사람들.
그 속에 널 잊지 못한 나.

— 다음 내리실 역은 시청, 시청역입니다

친절하게 꼭 두 번.
목이 아프도록 삼켰던 눈물이 속수무책으로 흐르기 시작한다.
내 안에 이토록 많은 수분이 있었나.
아무렇지도 않은 척 고개를 들었다가 손으로 뺨을 훔쳐낸다.

그곳이 마지막이 될 줄은 몰랐다.
그저 지나는 것뿐인데 이렇게 아플 줄은 몰랐다.

그날 이후 약속 장소는 당분간 시청이었다.
울어도 되는 친구 앞에서는 여지없이 울었고,
조금 어색한 사이 앞에서는 부러 더 크게 웃었다.

그렇게 7개월이 흘렀다.
나는 이제 굳이 시청에서 약속하지 않는다.
더 이상 울거나 웃지도 않는다.

매순간 치열하게 기억한 덕분에
너는 내게 어느새 무던 존재가 되어 있었다.

그날

그날 그와 걷던 거리는 제법 쌀쌀했음을
그녀는 기억해냈다.
24라는 숫자를 보고 있으면
왠지 마음이 놓인다고 그녀는 생각했지만,
사실은 알고 있었다.
그것은 순전히 그라는 한 사람 때문에 생긴
버릇 같은 거라는 걸.

"제일 하고 싶은 게 뭐야?"
"드라이브."

그녀의 대답은 하나였지만
속마음은 '너와 함께라면 무엇이든.'
그가 보여준 짙은 안개와 총총 별들과 까만 바다.
그날 그들은 제법 눈부셨음을
그녀는 비로소 기억해냈다.

정신없이 향 좋은 커피
신기한 가게
물 말아 놓은 맨밥
넘어져 생긴 상처
분홍색 하늘
시원한 바람 냄새
춤추는 달빛
따라 오는 그림자

끊임없이 너에게 재잘거리는 내 마음
언젠가 네 귓가에다가 살포시 말해줄 시간 오겠지

♪ 아마도 이자람 밴드 '4월 24일'

> 배고프다

어느 녹화 날, 복도에서 3인은 이런 대화를 나누고 있었다.

그: 정 작가님은 남자친구 없어요?
나: ㅠㅠ 완전 없어요.
그: 민선 씨 정도면 진짜 괜찮은데 왜 없을까?
FD: 얘 혼자서도 잘 놀거든요.
나: 아닌데, 나 외로워. 둘이선 더 잘 놀 수 있단 말이야.
그: 어떤 사람이 좋은데요?
나: 글쎄요······.

내가 한참을 머뭇거리자 FD가 결론을 내려주었다.

"민선이는 지금 배는 고픈데 딱히 먹고 싶은 건 없고
그렇다고 아무거나 먹고 싶지는 않은 거야."

첫사랑은 이루어지지 않는다

흘러간 마음을 잊습니다

나는 널 원 없이 사랑했다 말했지만
나는 널 이기적으로 일방적으로 나 좋을 대로 사랑했고
그 마음에 지쳐 너를 떠났다.

그 시절, 너의 마음이 전부 내게 온 건 아니라는 걸
본능적으로 알았던 것 같다.
너는 내 옆에 있었지만 단 한 번도
네 눈빛에선 나를 읽을 수 없었다.
나는 미치게 가슴 아팠고 매일 밤 속울음을 쏟아냈다.
언제나 네 앞에서는 아무렇지 않은 척 연기를 했다.
거짓말은 체질적으로 싫어하는 내가 참 무던히도 애썼다.
네가 무슨 말을 하려고 들면 지레 겁을 먹고는
두 눈을 질끈 감고 두 귀를 애써 막고 고개를 저었다.

어쩌면 그때 너의 말을 들어주었다면
우리의 지금은 달라졌을까?
부질없음을 알면서도 후회해본다.
날 사랑하지 않는다는 말을 그때 들었다면

우린 지금쯤 좋은 친구가 되었을까?
그땐 왜 그렇게 사실을 인정하고 싶지 않았을까?
나는 네게 그저 고맙고 좋은 사람.
그 이상의 감정은 조금도 허락되지 않는 사람.
하지만 치열하게 아름다웠던 그 시절엔
날 사랑하지 않는 널 용납할 수도 이해할 수도
더욱이 받아들이고 싶지도 않았다.
내 감정도 마음대로 하지 못하면서
네 감정을 조정하고 싶었던 너무 어렸던 그때.

모든 게 제멋대로였던
첫사랑은 그래서 이루어지지 않았다.

오늘의 날씨

이상하다
갑자기 두근두근거린다. 나 혼자만의 문제인가?
긴 인연이 이젠 다른 느낌으로……
이름만 떠올려도 설렌다. 에휴.

요즘 나의 일기는 금방이라도 눈이 내릴 것 같지만
실제로는 그저 흐림 매일 흐림 계속 흐림의 연속이다.
차라리 하얀 눈송이라도 폴폴 날려준다면
기분 전환이라도 되련만
오늘도 나의 흐리멍덩 예보는 어김없이 맞는다.
덕분에 기록의 수단으로 사용되는 미니홈피는
4주째 아무런 말이 없다.
누군가를 만난 일도, 사진을 찍은 일도,
일기를 쓴 일도 없었으니까.

그런데 오랜만에 방문한 그의 홈피 Today is는 설렘이고,
게시판을 본 것만으로도 내 마음엔
요란한 천둥 번개가 치기 시작한다.
하늘에 구멍이라도 난 것처럼 소나기로 흠뻑 젖는다.

말하지 않아도 알고 있다고 생각했는데…….
아무것도 몰랐을 땐 흐림이었던 날씨가
진심을 아는 순간 장마로 변한다.
나는 너라고 생각했는데, 너는 그녀라고 생각했나 보다.

친구의 메신저 대화명처럼
정말 내 남자친구도 하느님인 걸까?
있을 거라고는 믿는데 영 볼 수가 없다.

가을장마가 유난히도 길다.

굳은살 2

심야 음악 프로그램을 보고 있었다.
그날은 누군가 좋아지려고 하면
얼른 집에 들어가 게임을 한다는 가수가 나와 있었다.
'그래, 잔잔하게 살고 싶은 거야.'
'그럼, 그 마음 알고말고.'
어쩌면 L에겐 '바람이 분다'가 마지막이었으리라.

사랑을 거치고 치르고 난 뒤
너에게는 마침표가
나에게는 말줄임표가
찍혔을 때.
그렇게 너덜너덜할 수가 없었다.
나는 그 전의 내가 누구였는지 도통 기억해내지 못했다.
나는 비어버렸고, 해져 있었다.

어느새 그녀의 이야기를 듣는 내 눈시울이 젖는다.
못 다한 마음들이 빙글빙글 돌아 내 안을 파고든다.
더 이상 아프지 않았으면…….

세상은 어제와 같고 시간은 흐르고 있고

나만 혼자 이렇게 달라져 있다

내게는 천금같았던 추억이 담겨져 있던

머리 위로 바람이 분다

♪ 이소라 '바람이 분다'

이별후유증

"괜찮아?"
그녀는 바람 한 줄기에도 바스라질 것처럼 보인다.
그의 문자를 과거의 유물이라도 되는 듯
바라보고 또 바라보는 그녀의 휴대전화를
가차 없이 빼앗아 삭제를 누른다.
그런데 그녀는 아무런 반응이 없다.
마음을 온통 내어준 그녀에게 더 이상 마음은 없다.

"어지간히 좀 해! 지겹지도 않아?"
다른 곳을 바라보는 듯한 그녀의 멍한 시선.
아무래도 내가 너무 했나보다.
"괜찮아?"
이내 그녀의 어깨가 심하게 흐느낀다.
"저기, 그 사람 이름이 있어."
그녀가 가리킨 곳, 그녀의 시간이 머무른 곳.

"무슨 이름이 흔해 빠져서 간판마다 있다니?
걔는 진짜 이름까지 아니다!"

작지만 확실한 행복

저녁 7시 반, 오늘의 기운은 이미 소진되었다.
그때 문자가 울린다.

✉ 우리 30분만 늦게 만나자

퇴근하려고 컴퓨터도 껐는데 불쑥 화가 치민다.
그때 옆 팀의 작가가 아이스크림을 내민다.
한 입 베어 무니 입 안에서 사르르 녹는다.
순간 머릿속에서 '펑' 하고 무언가 터진다.
'나 배고파서 화난 거였나?'

사람이 이토록 단순하다니, 다행이다 싶으면서도 당황스럽다.
어제는 화나는 일 없이 기분이 좋았는데……
하루를 되감아 본다.

아침 일찍 일어나 조조영화를 보러갔다.
뭔가를 해낸 듯한 묘한 기분을 만끽하며 걷는 길은
햇살마저 사랑스럽다.

아이스크림 가게를 그냥 지나칠 수 없어 고른
녹차 아이스크림에 마음까지 초록으로 물든다.
홍대 거리를 배회하며 사람 구경을 하다 도서관에 들렀다.
서가에 진열돼 있는 책들을 보는 것만으로도
마음은 이미 부자가 된 것 같다.
그냥 집에 가기가 멋쩍어 친구에게 전화를 걸었다.
둘이서 자주 가는 커피숍에 들러
티라미수와 아메리카노를 시켜놓고
시간 가는 줄도 모르고 수다를 떨다가 문득,
'나는 지금도 충분히 행복하구나!'란 생각에 기분이 좋아졌다.

어제의 나는 내가 좋아하는 일들만을 하며 하루를 보냈다.
좋아하는 로맨틱 코미디 영화를 보고,
좋아하는 아이스크림을 먹고,
좋아하는 책을 읽고,
좋아하는 친구와 수다를 떨었다.

이런 걸 두고 '작지만 확실한 행복'이라고 하는 거겠지?

당신의 뒷모습

그녀가 떠난다.
내게 '안녕' 인사하며 버스에 올라탄다.
그런 그녀를 물끄러미 바라보다 비로소 발걸음을 돌린다.
신호에 걸린 버스를 한번 쓰윽 쳐다보니
그녀가 내 쪽을 향해 환하게 웃으며 손을 흔든다.
나 역시 그녀를 보며 크게 손을 흔든다.

너의 뒷모습을 끝까지 지켜보는 게 참 좋다.
네가 내 친구인 것이 참 좋다.

내가 떠난다.
많고 많은 사람들을 태우기 위해 버스는 잠시 정차해 있다.
부릉부릉―
맨 뒷좌석에 앉아 등을 돌린다.
그녀가 가지 않고 자리에 선 채 양손을 젓는다.
나도 그녀를 따라 양손을 젓는다.

나의 뒷모습을 끝까지 지켜봐주는 게 참 좋다.
내가 네 친구인 것이 참 좋다.

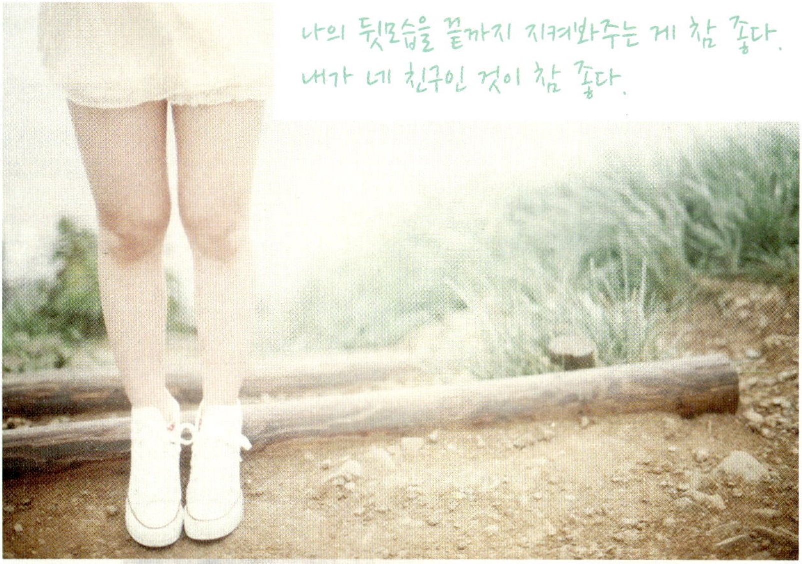

© LimChoE

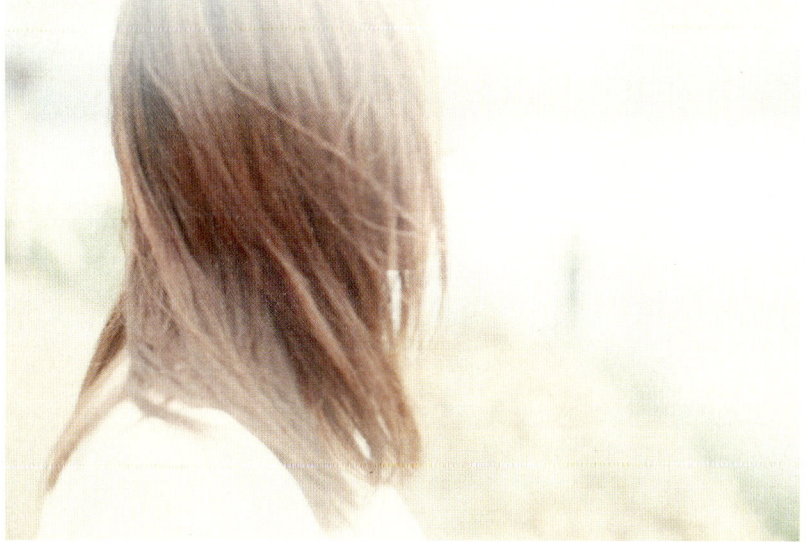

몸은 알고 있다

참 이상한 날이었다.
그날의 기억은
손이 닿지 않는 곳이 간지러워
한참을 애먹었다는 것밖에 남아 있지 않다.
꿈속에서 그와 크게 다투었던 것 같은데,
그래서였을까?
나는 하루 온종일 우중충했던 것 같다.

엄지손가락을 입에 물었다가 뗐다.
가방을 품에 안았다가 내려놓았다.
컵 손잡이 쪽으로 물을 반쯤 마시다 시계를 보았다.

저녁 7시 반.
그라면 반드시 짚어주었을 나의 자그마한 습관들.
하지만 그의 목소리는 들리지 않는다.
오늘이 저물어갈수록 온 몸이 찌뿌드드하다.

어젯밤 통화 이후
그와 19시간째 연락이 되질 않는다.

밥이나 먹자

온갖 고단함을 단번에 잊게 만들어주는 그의 웃음소리.
헤어진 지 무려 세 시간이나 지났지만
여전히 곁에 있는 것처럼 느껴진다.
중병이다.

웃으며 헤어지고, 또 보자는 얘기는 하지 않는 사이.
아마도 그때 우리는 같은 마음이었으리라.

"내일은 뭐해?"

불쑥 튀어나오려던 그 말을 꾹꾹 밟아야 했던 숨 막히던 몇 초.
그것은 자존심도 어색함도 아닌 다만 두려움이었을 뿐.

우리가 다시 시작한다면
또 반복될지 모를 지루한 습관들.
결국엔 서로를 상처 입히고야마는 어쩔 수 없음들.

알고 있었다. 적어도 서른 시간은
널 떠올리는 것만으로도 나는 차오르리라는 것을.
하지만 그보다 더 잘 알고 있었다.
우리는 절대 서로를 극복하지 못하리라는 것을.

그래, 정말 참기 힘들 때만
지금처럼 만나 밥이나 먹자.

어른이 된다는 것

지난 봄, 취미로 스윙 댄스를 시작했다.
그곳을 방문했을 때의 생경함은 아직도 생생하지만
음악에 맞춰 춤추는 사람들을 멀뚱히 바라보느라
차마 플로어에 발을 딛지도 못했던 나는 어느샌가 사라졌다.
도리어 요즘 나는 스윙 댄스를 통해,
넓은 세상의 다양한 사람들을 통해,
시야가 넓어지고 있음을 체감하고 있다.

하지만 태어나 처음 해보는 동호회 활동은
그리 순탄치만은 않았다.
한꺼번에 너무 많은 사람들을 알게 되자
내 마음은 추스를 겨를도 없이 매일 놀라운 일들이 벌어졌다.
메신저로 얘길 나누다 새벽 늦게 잠이 들었고,
아침이면 피곤함을 어깨에 둘러메고
퀭한 눈으로 출근하기 일쑤였다.
게다가 업무시간엔 메신저 창을 가장 흐리게 해놓고
동시에 다섯 명과 대화를 나누기도 했다.

시간이 더 흐르자 원하지 않는 관계들이 발생하기 시작했다.
지금의 관계를 원활히 챙기기에도 이미 용량 초과!
나는 지구에서조차 사라지고 싶었다.
그리고 그때 문득 이런 생각이 들었다.
여기에서 결국 남게 되는 관계가 과연 몇 명이나 될까?

나는 나이를 먹어가며 점점 계산적이 되어 갔고,
한편으로 겁쟁이가 되어 갔다.
관계의 종말이 두려워진 나는
차츰 적정 거리를 유지할 태세를 취한 채 움츠러들고 있었다.

돌이켜보면 친구가 인생의 전부였던 학창 시절엔
모든 걸 같이 해야 했고 (심지어 화장실도 같이 갔다)
서로의 비밀을 털어놓아야 했으며 (매일 교환일기를 주고받았다)
그러지 않는 건 진짜 우정이 아니라고 생각했다.
(과격하게는 배신이라는 표현도 썼다)

하지만 세상은 살수록 복잡해졌고,
내게는 친구 말고도 챙겨야 할 관계들이 수두룩하게 늘어갔다.
어느새 우정이란 단어는 가끔 만나 수다를 떨며
삶의 무게들을 조금씩 덜어놓는 관계 정도로만 정의 내려졌다.
(나 역시 막상 우울에 짓눌린 날은 이불에 얼굴을 파묻고 혼자서 통곡했다)

그렇게 상황에 따라 변하는 것이
관계란 놈의 기묘한 성질이었고,
녀석은 지구력과는 담쌓은 놈이라는 것을
나는 알아가고 있었다.

어쩌면 어른스러운 관계라는 건
적당히 타인에게 말을 거는 것,
적어도 타인에게 칭얼대지 않는 것,
적절히 타인에게 친절해지는 것일지도 모른다.

왜 이렇게 자꾸만 가슴이 뻐근해올까?
내가 기쁠 때 진심으로 기뻐해주고
내가 슬플 때 진정으로 슬퍼해주는
진짜 뜨거운 관계는 몇 명이나 될까?

Fourth

사라진 모든 것들은 어디로 갔을까?
빛나던 그 순간들은 어디로 갔을까?

유통기한

'마음이 바닥을 치기 전에 뭐라도 해야겠다.'

쓸쓸한 오후.
더러워진 옷가지와 운동화를 죄다 꺼내 빨기 시작했다.

운동화의 뒤축이 닳았다.
티셔츠의 목이 늘어났다.
스웨터의 보풀이 얄밉다.
내가 좋아하는 것들의 모양이 자꾸만 변해간다.

내가 좋아하는 너와의 관계마저…….

모든 게 낡아간다.

> 안녕—

사라진 모든 것들은 어디로 갔을까?
영원히 기억되는 것들이 과연 있을까?

열렬히 사랑했지만 남은 것은
만져지지 않는 아련한 추억뿐.
매순간 치열하게 살아왔지만 남은 것은
뻔하고 뻔한 관성뿐.

하루, 또 하루—
한 살, 두 살, 나이를 먹다보면
모든 것들이 차곡차곡 쌓여서
내 안에 빼곡히 저장될 줄 알았다.
그래서 그 경험들을 바탕으로
다시는 울지 않을 줄 알았다.

그런데……

사라진 모든 것들은 어디로 갔을까?
빛나던 그 순간들은 어디로 갔을까?

또 하루 멀어져 간다 내뿜은 담배 연기처럼
작기만 한 내 기억 속에 무얼 채워 살고 있는지

점점 더 멀어져 간다 머물러 있는 청춘인 줄 알았는데
비어가는 내 가슴 속엔 더 아무것도 찾을 수 없네

♬ 김광석 '서른 즈음에'

삶이 지루한가요?

책 한 권을 숨 가쁘게 읽어내고 잠을 자려고 누웠지만
부유하는 생각들로 마음이 공중을 떠다니던 찰나 문자가 왔다.

✉ 나 라천 듣고 있어.

지선이다. 화요일 새벽 1시 16분.

✉ 나도 듣고 있옹^^
 이루마 'River flows in you' 나오네

✉ ㅋㅋ문자 보내 봐 언니~
 난 식상하다고 이제 안 읽어줘 흥!

난 50원의 정보이용료가 부가되는 유료 문자를
살포시 날려보았다.

✉ 지선이랑 민선이 라디오 듣고 있어요.
 오빠의 은근한 목소리에 풍당 빠져버려서
 헤어 나오질 못하겠는데
 내일 녹화 어떻게 가죠?

그리고 이런 답문을 받았다.

✉ 잘 지내니?
　그래, 잘 지내줘서 고마워^^
　유희열

문자를 보낸 후 사연이 소개되기를 오매불망 기다리는데
왜 그리도 떨리던지.
노래 한 곡이 끝나고 오빠가 사연을 소개할 때마다
어찌나 조마조마하던지.

결국 우리의 사연은 소개되지 않은 채
라디오는 끝나버리고 말았지만
난 덕분에 편히 잠들 수 있었다.

삶이 지루하다면 라디오에게 말을 걸어보자.
내 이름이 좋아하는 DJ의 목소리를 빌어
발음될 때의 아찔함!
행여 소개가 되지 않더라도 기다리는 동안
느낄 수 있는 짜릿함!

삶이란
미미한 움직임에도 크게 답하는 순간들을 품고 있다.
분명히.

여행의 즐거움

길 나간 마음을 찾습니다

9년 만에 해외로 가는 비행기에 몸을 실었다.
쉽게 떠나지 못한 건 왜일까?
시간과 돈도 망설임과 함께 있으니
아무 짝에도 쓸모가 없었다.

그러던 어느 날,
여름휴가 반납으로 쟁취한 대만 여행을
계획 중인 J언니를 만났다.
"언니, 나도 그때 녹화 없어서 쉴 것 같은데……."
약속이라도 한 듯 신기하게 딱 들어맞은 일정!
앞뒤 잴 것 없이 그 자리에서 동행을 결정했다.

우리는 쏜살같이 달아나는 시간들이 아까워
아침 일찍 일어나 부지런히 돌아다녔고
그러다 다리가 너무 아프면
쩐주나이차를 홀짝거리며 아무데나 앉아 수다를 떨었다.
"어머! 신호등 좀 봐, 진짜 귀엽다."
"여기는 마스크도 패션인가 봐, 디자인이 진짜 다양하다."

"어떡해! 영화 〈말할 수 없는 비밀〉에 나온 중학교야."
"우리나라에도 이렇게 영어메뉴판이 없었나?
주문하기 정말 힘들다."
감탄과 투정을 일삼다 문득 가수 왁스 언니가
했던 말이 떠올랐다.

요즘 어떻게 지내냐는 물음에
음악을 들으며 한강을 뛴다던 언니.
그날 언니의 표정이 참 예뻤던 걸로 기억한다.

*"이곳이 뉴욕의 허드슨 강이나
프랑스의 센 강이라고 생각하면서 달리는 거야.
그것만으로도 기분이 달라져."*

그랬다.
익숙한 곳이라는 이유만으로 매일 아무 생각 없이
왔다갔다를 반복했지만
시각을 조금만 달리해보면 신기한 것들 투성이였다.

'아! 우리 동네 동사무소는 여기에 있었구나.'
'어? 우리 아파트에 이런 귀여운 놀이터가 있었어?'
'오! 내가 좋아하는 아이스크림이 반값이네!'

조금만 마음을 열어도
일상은 우리를 반갑게 맞아준다.

오늘 서울은
하루 종일 맑음
밤새 켜뒀던 TV 소리 들려
햇살 아래 넌 늘 행복한 기억

넌 지금 뭘 하고 있을까
너의 웃는 얼굴 보고 싶은데

♪ 토이 '오늘 서울은 하루종일 맑음'

버려주어 고맙다

나는 너에게 굳이 뭔가를 보여주려는 게 아니라
네가 연락을 하지 않으니까 나도 하지 않겠다는
그런 오기가 아니라
다만 네가 나를 다시 찾기를 기다린다.
설령 네가 나를 다시 찾지 않는다고 해도 어쩔 수 없다.
불과 몇 개월 전만 해도
나는 변하는 모든 관계에 일일이 상처를 받았고
그렇게 스스로를 흠집 냈다.
그리고 상처 입은 나를 보여주면서 네게도 상처주고 싶어 했다.
하지만 불과 몇 개월이 흐른 지금,
나는 이 모든 걸 받아들이기로 한다.

세상에 영원한 것은 없다.
모든 것은 유동적이며 인간은
그 중에서도 제일가는 유기체이다.
상황은 변한다. 그렇게 사랑은 변한다.
우정도 변한다. 그렇게 우리는 변한다.

나는 우리 관계에 있어서만큼은 최선을 다했다 생각했지만
그 최선이 우리 사이엔 버거운 독이 되었던 것 같다.

'영원한 것은 없다.'
그 말은 여전히 나를 아프게 찌르지만
그러기에 현재의 나에게 그리고 너에게
더욱 잘해야겠다.

나도 버려 주어 고맙다.

정기검진

휴대전화의 배터리가 얼마 남지 않았다.
묘한 불안감이 스멀스멀 기어 나온다.

잔량은 얼마나 남아 있는지
충전이 필요한 시기는 아닌지
빠르게 방전이 되고 있는 건 아닌지
우리가 소모적인 관계는 아닌지
점검이 필요한 시기다.

나는 무슨 마음인지
아직 살아있는 휴대전화를 단호하게 끈다.

사랑했다는 말 난 싫은데 아름다운 것을 버려야 하네
난 나를 지켰지 마치 아무 일도 아닌 것처럼
그동안의 진심 어디엔가 버려둔 채

♪ 언니네 이발관 '아름다운 것'

| 플라나리아 |

가만히 있는 사람 흔든 건 바로 너잖아.
나의 세계를 붕괴시킨 건 다름 아닌 너잖아.

지긋지긋하다는 그런 눈빛은 이제 그만
너만큼 나 역시 지쳤어.

너보다 내가 조금 더 많은 건 미진한 사랑만큼의 미련.
마음이 버릴 수 있는 어떤 것이라면 참 좋겠어.

난 플라나리아가 되어 네 부분만 베어내고
새로 태어날 테니까.

봄날은 간다

가끔 너무 깊은 꿈에서 깨어나고 나면
더구나 그 꿈이 5년 전 행복했던 어느 순간이면 말이야.
나는 지금 여기가 어딘지, 무얼 하고 있는 건지 모르겠어.
그냥 그 속에 머무르고 싶은 것 같아.

너는 사뭇 진지한 표정이었고, 나는 슬퍼졌다.

그래서 지금은?
두 눈을 말갛게 뜨고 너의 팔짱을 끼며 웃는 나.
그런 나를 보며 웃으며 대답하는 너.
이 순간도 5년 뒤엔 그런 꿈이 될 수 있겠지.

너는 여전히 진지한 표정이었고, 나는 한 번 더 슬퍼졌다.

서울의 야경을 감상하며 너의 든든한 백허그와 귓속말.
"건물이랑 자동차가 전부 장난감 같아."
내 손을 이끌고 내리막길을 달리던 질주 본능.
"꺄악~ 무섭단 말이야."
"뭐가 무서워, 내가 잡아주는데."

절대 잊히고 싶지 않았던 봄날.
그때 그대로 죽는 날까지
행복했으면 안 되었을까?

눈을 감으면 문득 그리운 날의 기억

아직까지도 마음이 저려 오는 건

그건 아마 사람도 피고 지는 꽃처럼

아름다워서 슬프기 때문일 거야 아마도

♬ 김윤아 '봄날은 간다'

반지

휴대전화를 바꿨다.
전화번호도 바꿨다.
오래된 편지를 태웠다.
반지도 뺐다.

그런데
반지 뺀 손이 이상하다.
자꾸만 그 자리가 이상하다.
이상해서 견딜 수가 없다.

세상에서 가장 이기적인 사랑법

나는 분명 이해심이 많은 아이인데
너를 대할 때면 세상에서 제일 이기적이 된다.
나는 분명한 걸 좋아하는 아이인데
너와 얘기할 때면 속마음과 정반대인 말만 튀어나온다.

서로를 어떻게 대해야 할지 몰랐던 처음,
모든 게 조심스러워 안테나를 곤추세우고는 귀 기울이던 날들.
막상 네가 익숙해지자 나는 처음의 떨림과 소중함은 잊은 채
연거푸 불만을 쏟아냈고 소리를 질렀다.
우리 참 어렵게 만났는데,
여기까지 참 예쁘게 가꿔왔는데…….

괜찮아

그냥 크게 한번 꼭 안아주고 싶었다.
설령 그게 큰 위로는 못 될지라도
나는 너무 미약할지라도.

그냥 크게 한번 꼭 안아주고 싶었다.
내가 할 수 있는 게 이것뿐일지라도
내가 너무 나약할지라도.

그냥 크게 한번 꼭 안아주고 싶었다.

괜찮아
괜찮아
괜찮아

네 마음 저 끝자락의 슬픔까지 모두 건져내는
울음을 울어줘.

도미노

나는 도미노가 아닐까 생각했다.
누가 와서 건드려주길 바라면서도
누군가 다가오면 쓰러질까봐 두려웠다.

나는 도미노란 이런 걸까 생각했다.
한 가지 일이 벌어지자 기다렸다는 듯 두 번째 일이 터지고
겨우 추스를까 했더니 또 다음 일이 생기고
인생이 일종의 게임이라면 도저히
이길 수 없을 것 같아 두려웠다.

그런데 막상 와르르 쓰러져보니 별 것 아니었다.
생각보다 아프거나 무섭지 않았다. 차라리 개운했다.

그래서 나는 도미노라 다행이라 생각했다.
언제고 다시 일어나면 되니까.
다음엔 더 멋진 모양을 만들어내면 되니까.
인생이 일종의 게임이라면 지금은 Reset이 필요할 때다.

어른도 상처를 받는다

아무도 없는 집, 오직 나만을 위한 시간.
달콤한 외로움이란 이런 맛일까?
바깥은 시끌벅적한데 내면이 고요해지니
어릴 때 기억이 떠오른다.

TV를 보다 방 한 구석 불개미를 발견하고는
코너로 몰아 감금시켰는데
녀석이 자꾸만 내 손을 타고 올라왔다.
나는 얄미운 녀석에게 괘씸죄를 씌워,
물 한 컵을 떠와 조금씩 부어가며 데리고 놀았다.
결국 불개미는 익사했다.
하지만 그때 내가 잔인하단 생각은 전혀 하지 않았다.
그런데 나이가 들고 보니
잠자리 날개를 떼고도 싱글벙글인 아이들이 조금은 무섭다.
그게 나쁜 일인 줄 모르고 저지르는 거니까 무서운 것이다.
그래도 아이들의 세계는 자기중심에서 타자로 옮겨갈 테니
천만다행이다.

퇴근 길 버스 안,
내 나이 또래의 여자가 잔뜩 흥분한 채 통화를 하고 있었다.
그녀를 열 받게 한 건 다름 아닌 그녀의 엄마였는데
버스가 떠나가라 소리를 질러댔다.
"그러니까, 왜 그랬냐고? 그게 말이 돼?
아, 됐어! 짜증나, 끊어!"
어쩌면 평상시의 나일지도 모를 그녀 모습에
내내 마음이 불편했다.
그게 나쁜 일인 줄 모르고 행동하는 거니까 무서운 것이다.
다 자란 내가 습관처럼 가장 소중한 사람에게
상처를 주고 있었다니…….
그래도 이쯤에서 알게 되었으니 정말 다행이다.

우리 좋았던 날들의 기억을 설탕에 켜켜이 묻어

언젠가 문득 너무 힘들 때면 꺼내어 볼 수 있게
그때는 좋았었잖아 지금은 뭐가 또 달라졌지

이 차를 다 마시고 봄날으로 가자

♪ 브로콜리 너마저 '유자차'

Dear 희열 오빠

유난히 힘들었던 녹화 날,
당장 풀지 않으면 층층이 얹어놓은 감정들을
도무지 해결할 수 없을 것 같았다.
그때 들리던 그의 저음은 내 맘에 촉촉한 단비처럼 내렸고,
짜증으로 일관되었던 표정은
맥주 반잔과 함께 점차 누그러졌다.
새벽 1시, 집으로 돌아와 토이 6집을 아주 작게 틀어놓고
그에게 썼던 엽서를 다시 한 번 꺼내어 보며,
나의 시절에 대해 생각해본다.

Dear 희열 오빠

새벽에 쓰는 편지는 아침에 일어나 다시 읽어보면 '얼굴이 빨개지는 아이'로 변신시켜주지만 오늘 밤 오빠에게 말로 할 수가 없어서 이런 마음을 글로 쓰는 걸 용서해줘요.
힘겨운 녹화를 마쳤어요. 우리는 호우시절에 대해 이야기했죠. 오빠 얘기를 듣다 문득 이 모든 게 꿈 같다는 생각이 들었어요(내가 오빠와 이렇게 마주앉아 이야길 나누다니!).
많은 날들을 힘들다고 징징대왔지만 아프기만 했던 때는 단연코 없었는데, 좋은 비는 때를 알고 내리고 있었는데, 젖은 줄도 모르고 목마르다 투정만 부린 것 같아요.
오늘은 오빠가 있어 더욱 감사한 하루입니다.

녹화에 회식까지 마친 어느 새벽
민선 드림

이어폰

"민선아!"
누군가 나를 불렀지만 뒤돌아보지 않았다.
음악을 듣고 있어도, 듣고 있지 않아도
이어폰 하나로 외부의 모든 소리는 못 들은 것이 된다.

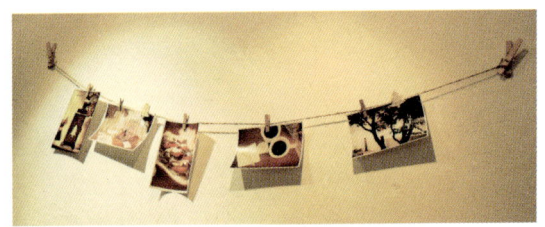

때때로 사람들은 지독한 외톨이를 자청한다.
제발 혼자 내버려 달라고, 나 좀 건드리지 말라고,
짜증을 냈다가, 화를 냈다가, 급기야 울부짖는다.
택시 기사 아저씨와의 대화가 부담스러워
승차와 동시에 이어폰을 낀다는 누군가처럼
글 쓴답시고 방문을 걸어 잠그는 나처럼

단절과 차단을 원하는 '존재'는 참으로 이기적이다.
때때로 사람들은 친밀한 소통을 꿈꾼다.
혼자서 밥을 먹거나 영화를 보는 일은 아무래도 낯설고,
세계와의 연결수단인 휴대전화를 놓고 외출한 날은
마음이 불안해 일이 손에 잡히지 않는다.
나 역시 혼자 커피숍엘 가는 건 왠지 눈치가 보이고,
혼자 하는 쇼핑은 조금 어색하게 느껴진다.
누군가에게 사랑 받아야 하고 또 누군가 곁에 있어야
비로소 안심이 되는 '존재'는 참으로 연약하다.

이어폰을 끼고 있으면서도
누군가 어깨를 두드려주었으면—
나만의 세계를 지키고 싶으면서도
누군가 문을 두드려주었으면—
소통과 차단을 동시에 원하는 양가감정.

"민선아!"
어느새 다가온 그가 나를 부르며 툭 친다.

아름다운 이별

그는 내게
너무 쉽게 다가왔고
나는 그에게
너무 쉽게 마음을 열었다.
나는 그를
너무 쉽게 믿어버렸고
그는 나를
너무 쉽게 떠나버렸다.

100일간의 만남이 5분 만에
단 두 개의 문자로 완결되었다.

사랑은 다른 사랑으로 잊혀진다

'마음에 붕대를 칭칭 감고는 노려보고 있었다'라고
그날의 일기장엔 적혀 있었다.
아무리 유폐시키려 해도 안 되었기에
가만히 묵도하고 있었다고도 쓰여 있었다.

미움 없는 이별이란 없는 걸까?
'아파서 죽을 것 같아.'
휘갈겨 쓴 종이가 구겨진 채 서랍에서 발견됐다.

이런 사랑도 옅어지는지
어느새 다른 사랑이 자리했다.

'나 잡아 봐라~'
모래사장 위를 뛰어 다니다
발바닥이 뜨거워 바다를 첨벙첨벙 걸었다.

나는 비로소 너란 삶으로부터 유리되려 한다.

우스운 인생

N양과 나는 40분째 심야 통화를 하고 있었다.
N양은 평범한 직장인이지만
멋진 주인공을 꿈꾸는 예비 배우이기도 하다.
그날은 그녀가 속해 있는 극단의 과제에 대해
이야기하는 중이었다.
'내 인생의 가장 큰 사건'을 희로애락 중 하나로
연기하라는 과제.
나는 그녀가 이야기를 어떻게 풀어낼지 무척 궁금했다.

"나는 오빠를 만난 순간을 '희'로 연기하려고 하는데,
너무 뻔하지 않을까?"
"음, 그럴 수도 있겠다."
"오빠는 내가 D회사를 나온 걸 '애'로 연기하는 게
더 나을 것 같다는데, 네 생각은 어때?
네가 기억하는 내 인생의 사건 뭐 없어?"

심각한 그녀의 질문에 슬며시 웃음이 배어나왔다.

"있잖아~ 우리 만나면 항상 세상 사는 게 힘드네,
우울하네 했었잖아.
그런데 막상 네가 물어보니까 딱! 하고 떠오르는 게 없어."

그랬다. 너의 인생과 나의 인생 모두
마음에 안 드는 것들 투성이라고 생각했지만
지나고 보니 그럭저럭 잔잔하게 흘러간 것 같다.
소행성 B612에서 내려다보면 오늘 나의 이 혼잡함들은
너무 작고 보잘 것 없어서 존재하는지도 모르겠지.

나의 인생아!
그동안 무탈하게 살아 주어 고맙다.
그냥 단순하게 살자꾸나!

달팽이

우리 인생의 결정적 사건이라…….
N양과 머리를 싸매고 고민하던 중, 번뜩하고 떠오르는 게 있었다.
"어떻게 네가 이럴 수가 있어, 벌써 다 잊어버린 거야?"
나는 잠시 뜸을 들인 후 말을 이었다.
"태지 오빠! 네 인생에서 그가 전부였던 때 말이야."
그렇다. 좋아하는 가수님 덕분에 설렜던 그 수많은 날들.
그는 애인이자 우상이자 친구이자 한마디로 'My all'이었다.
그가 나오는 방송은 기를 쓰고 챙겨보는 건 기본,
녹화는 옵션이었고,
CD가 발매되길 기다려 아침부터 음반매장으로 달려갔음은 물론,
대담하게 공연장에 혼자 가기도 했다.
당시 우리는 그의 한마디에 울고 웃었고,
너무도 순수해서 그의 전부를 이해할 수 있었다.
그런데 아예 잊어버리고 있었다.

"이걸 토대로 '애'를 표현해봐.
작은 것 하나에도 행복했던 때가 그립다든가,
사람 마음이 변하는 게 슬프다든가 그런 걸로."
그리고 나는 혼자 들떠선 자화자찬을 시작했다.
"나 정말 좋은 친구 아니니? 내가 이래서 작가인가 봐.
나름 반전도 있고 괜찮은 시나리오야."
그러다 생각이 깊어지자, 이야기는 다른 방향으로 진행됐다.
"사실, 네가 뮤지컬을 하려고 마음먹은 그 시작과
내가 라디오 작가를 꿈꿨던 그 처음, 전부 그들 영향인 것 같아.
사춘기 소녀 감성의 팔 할을 이 길로 이끈 거지.
물론 아직 갈 길이 멀긴 하지만 넌 지금 오디션도 보러 다니고,
난 잘 나가는 음악 프로 작가로 일하고 있고 꽤 괜찮지 않아?"

이야기를 하면 할수록 우리가 대견스러웠다.
어쩌면 앞으로 너는 수도 없이 오디션에 떨어질 테고,
나 역시 수도 없이 또 가사를 까이겠지만
조금씩 나아가고 있는 게 분명하니까.
그게 정말 달팽이처럼 느릿느릿한 걸음일지라도
결국엔 만유인력의 법칙처럼 꿈에게 가닿을 테니까.
우리는 누가 먼저랄 것도 없이 노래를 부르기 시작했다.

언젠가 먼 훗날에 저 넓고 거친 세상 끝 바다로 살 거라고~ ♪
꿈꾸는 우리가 자랑스럽다.

♪ 패닉 '달팽이'

Fifth

때때로

쉼 나간 마음을 찾습니다

먼지를 한 움큼 집어삼킨 것처럼
목이 꺼끌꺼끌하다.
이유도 모르는 채 가슴이 바삭바삭 탄다.
갈라진 마음을 반으로 쪼개면
이것저것 한 바가지는 쏟아져 나올 것 같다.

산다는 게 때때로 이렇다.

단골 가게

단골집이란 말은 포근하면서도 왠지 모르게 비밀스럽다.
자주 가는 곳이니 편안하면서도
나만 알고 싶고 특별한 사람만 데려가고 싶은 건
마치 푸우의 꿀단지를 닮았다.

단골 가게를 찾습니다

1. 주인은 미남미녀는 곤란함 (부담스럽거든요)
2. 주인은 도도해야 함 (나하고만 친해야 하거든요)
3. 주인은 내공 100단 소지자 (인생 상담자가 필요해요)
4. 가게는 음악이 좋을 것 (이웃에 방해가 되지 않는 선에서)
5. 가게는 쿠폰을 찍어줄 것 (도장 찍는 재미를 포기할 순 없어요)
6. 가게는 커피가 맛있을 것 (신맛보다는 구수한 맛이 좋아요)

저만의 단골 사람을 아니, 단골 가게를 찾습니다.

그저 떠남으로 알 수 있는 것들

일요일 아침, 늦게 잠이 들었는데도 눈이 빨리 떠졌다.
몸의 피곤함과는 상관없이 가끔 마음이 시키는 일.
나는 몽롱한 상태로 TV 앞으로 갔다.

〈1박 2일〉 서울 특집 편.
다섯 명의 멤버들은 사진 찍는 미션으로 분주했고
너무 익숙해서 전혀 특별해보이지 않았던 서울은
왠지 모를 뭉클함을 선사했다.

'내가 서 있는 이곳이 어디인지
다시 한 번 느껴 보세요.'

나는 아주 평범하달 수 있는 자막을 계속해서 곱씹고 있었다.
발상의 전환과 새로운 시각, 말은 그토록 쉽게 하면서
진정 유연했던 적이 과연 있었을까?
'여행은 모름지기 해외여행이지!'
서울 하늘 아래의 매일이 따분해 그저 벗어나고만 싶었다.
내가 발 딛고 있는 이곳에서도
못 가본 곳, 못 느껴본 것이 이토록 많은데…….
콩알만 한 생각에 갇혀 있던 내가 딱해진다.

신발장 구석에 놓여 있던 운동화를 꺼내어 신고
나만의 나침반을 따라
나는 지금 그 곳으로 간다.

계절의 냄새가 열린 창을 타고서

날 좁은 방에서 밀어냈어

오랜만에 걷고 있는 우리 동네

♬ 윤종신 '동네 한 바퀴'

마음 여행

집 나간 마음을 찾습니다

손가락 하나 까딱하기 싫은 날이 늘어가고
글자 하나 끼적거리기 싫은 날이 늘어가고
날씨가 쌀쌀해지니 몸과 마음까지 늘어진다.
일상은 지리멸렬하고 앞날은 캄캄하기만 하다.
임시방편으로 웃기지도 않은 TV를 튼다.
기억나지도 않을 장면들에 반나절을 웃어댄다.

'굉장히 지루한데, 불안하다.'
나는 느낌의 정체를 찾기 위해
억지로 차가운 물 한 컵을 들이켠다.
주섬주섬 트레이닝복을 입고
오랜만에 근처 운동장으로 발걸음을 옮긴다.
군데군데 불이 밝혀진 운동장엔
농구하는 중고생들, 배드민턴 치는 커플들,
열심히 트랙을 따라 걷는 아줌마들, 자전거 타는 사람들…….
너무도 다양한 사람들이 가지각색의 모습으로
즐겁게 놀고 있다.

갑자기 모든 것이 낯설다.
새로 생긴 운동기구들, 반짝이는 불빛들…….
마음이 생경한 곳으로 여행을 온 기분이다.

나를 채워줄 에너지는 이토록 가까운 곳에 있었는데
한걸음을 옮기지 못해 나를 소모하고 있었다.

딱 한 번만 다시 보면 안 될까

미안해.
일방통행이라 많이 힘들었을 텐데,
내가 너무 철이 없었지?
내가 너무 어렸지?

벌써 1년 반이나 지난 일인데
갑자기 네가 너무 보고 싶어.

아무 말 하지 않아도 좋으니까
딱 한 시간만 같이 있자.
딱 한 번만 다시 보고 싶어.

숨고르기

바보야!
너무 애쓰지 마.
네가 할 수 있는 만큼만 하자.
애써서 힘내는 거, 애써서 웃는 거 이제 그만해.

조금은 놓아도 돼.
포기라는 것도 배울 줄 알아야 해.

이 커다란 우주에서 숨 쉬고 있는 너를 봐.
지금도 충분히 아름답잖아.

휴가가 필요해

"저, 한 가지 이상한 질문해도 될까요?"
소설 속의 그가 묻는다.
"자신이 무슨 색이라고 생각하나요?"
나는 소설 속 주인공처럼 잠시 당황한다.

누군가 둔탁한 물체로 내려친 것처럼 가슴 한쪽이 아리다.
잘은 모르겠지만 이대로는 아닌 것 같다.
무언가 기묘하게 뒤틀리고 있다.
나는 단 한 번도 색깔을 염두에 둘 만큼 한가롭지 않았어.

분한 마음에 소설 속 그에게 따지듯이 되묻는다.

"그럼 당신은 무슨 색인가요?"

진부한 일상.
모두가 사라지고 있다.

보통날

참 오랜만인 것 같아 적당히 쓸쓸하고 따뜻한 날
이런 날에는 혼자라는 게 힘들 때가 있어~ ♪

나 역시 그래요.
요즘 참 아무 일이 없어요.
마음 떠들썩한 일이 없다는 건 다행일까요, 불행일까요?
당신을 방문해 묻고 싶어요.
귀찮거나 성가시지 않아 참 좋긴 한데
하늘이 높다란 날은 왜 이리도 쓸쓸한 거죠?

멍하니 카페에 앉아 시답지도 농담들로
웃어 보고 싶고 작은 비밀이라도 나누고 싶어져
다시 또 누군갈 만나 추억을 만드는 일
내겐 벅찬 일인지도 몰라~ ♪

네, 내게도 벅찬 일인지도 몰라요.
잔잔한 요즘이 차라리 마음은 편해요.
친구들 만나고, 운동하고, 책 보고, 글 쓰고…….
그래도 혼자는 완전하지 않기에 모두들 사랑에 빠지는 거겠죠.
하지만 나는, 감정의 스펙트럼이 단조로운
지금, 이대로가 좋아요.

♬ 이지형 'Ordinary Day'

어떤 녹화

2010년 5월 18일 화요일 오후 5시 40분, 대기실.
희열 오빠와 윤석 오빠는 도착하자마자
만지작* 멜로디를 잠시 상의하더니 무대로 향한다.
나는 졸졸졸 그들을 따라간다.
피아노에 앉은 희열 오빠와 그 옆에 기타를 잡고 앉은 윤석 오빠.
나는 그 옆에 서서 가만 노래를 듣는다.

방송 작가로 일하면서 특히나 감동적인 순간이 있는데,
객석 맨 위에서 무대를 바라볼 때와
지금처럼 무대 위에 서서 객석이나 뮤지션을 바라볼 때다.
언젠가 한번은 녹화를 본 친구가 끝나고 나서 이런 말을 했다.
"민선아, 너 진짜 멋진 데서 일하는구나!"
장소라는 게 별거 아닌 것 같아도 참 별거일 때가 많다.
나는 그 말에 더 잘해야겠다는 의지를 불살랐다.
게다가 오늘은 희열 오빠가 이적의 'Rain'을 부르기로 한 날.
피아노 앞에 앉았을 때가 가장 멋있는 오빠는 확실히
작년에 비해 노래 실력이 출중해졌다.
나는 살포시 휴대전화의 녹음 버튼을 눌렀다.

'우울할 때 들을게요, 고마워요 오빠!'
일주일 동안 녹화 준비하고 녹화가 끝나면
그 다음 주 녹화 준비하고 숨 돌릴 틈 없이 반복되는 일상.
만지작 사연이 펑크 나면 주말 내내 골머리를 썩고,
수십 개의 사연을 읽고 고치고,
인터뷰 하느라 받는 스트레스가 이만저만이 아니다.
그래도 가끔씩 이렇게 좋은 사람들 덕분에 웃을 수 있으니
나는 행복한 사람이겠지?
오늘 밤 다이어리에 이런 말을 적어두어야겠다.

하루의 감동적인 순간을 발견할 것!

* 만지작: 만(약에) 지(금 그대가) 작(사가라면)의 줄임말. 〈유희열의 스케치북〉의 간판 코너로 객석과 함께 즉석에서 노랫말을 만들어보는 코너였으나, 불가피한 이유로 두 달 만에 막을 내렸다. 현재는 만(약에) 지(금 이 노래가) 다(시 듣고 싶다면)를 방송하고 있다.

집 나간 마음을 찾습니다

카멜레온

사람도 카멜레온처럼 자신의 기분에 따라
몸의 색깔이 변한다면 어떨까?
아니다. 그건 너무 징그러울 것 같아.
자신을 드러내고 싶지 않은 순간들도 있을 테고.

그럼, 새끼손가락 하나만 바뀌는 거야.
예를 들어 기분이 좋을 땐 연두색
기분이 나쁠 땐 파란색
사랑에 빠졌을 땐 분홍색
사랑이 식었을 땐 진회색.

그럼, 마음을 잘 표현하지 못하는 사람도
손가락 하나로 말을 대신할 수 있잖아.
들키고 싶지 않을 땐 감추면 되고.

그렇게만 된다면 참 편리할 것 같아.
눈치 보지 않고, 미련 갖지 않고, 실수하지 않고
살아갈 수 있을 것 같아.

하루살이

주말은 촘촘한 약속들로
빠져나갈 구멍이 없는 것보다는
약간 헐렁하고 느슨한 편이 좋다.

S는 토요일에 약속 하나 없는 게
솔로의 비극이라며 한탄했지만
나는 약속 하나 없는 주말이 더 좋다.

침대에 누워 공상을 하다
배가 고프면 사과를 깨끗이 씻어 베어 물고는
백설 공주라도 된 양 그대로 쓰러져서 책을 읽었다.
그러다 졸음이 밀려오면 말린 이불 냄새를 닮은 음악을
틀고는 허우적대다 쿨쿨~
커튼 사이로 비쳐오는 햇살에 눈을 찡긋~
천장 바라보기 놀이를 하다 보면 어느덧 저녁 시간.
밥을 먹은 후엔 TV 시청과 엄마 팔짱 끼고 시장가기…….
하루를 멍하니 다 써버렸는데도 전혀 아깝지가 않다.

오랜만의 휴식으로 마음에 쉼표를 찍은 날.
나는 비로소 숨을 쉰다.

To Heaven

짙은 가을, 야외에서 치러진 성시경의 콘서트.
그의 목소리에 어울리는 센티한 바람이 불고
그는 수많은 '안녕'에 대해 이야기 하고 있었다.
그리고 나는 어떤 기억이 떠올라 단숨에 헝클어져버렸다.

7년 전, 방송국이란 곳에 처음 발을 내딛고
모든 게 낯설고 또 무서웠던 그때,
내게 큰 힘이 되어준 사람이 있었다.
그와 친해진 계기는 단순했다.
내가 잠 못 들고 수십 번을 들었던 노래를 부른 가수의
매니저라는 사소한 이유였다.
첫 사회생활에 처음으로 마음을 터놓은 사이라
아무래도 남달랐던 그 사람.
그는 습작만 무려 100편이 넘었던 내게
처음으로 작곡가를 소개해주었고,
그렇게 내게 작사가라는 또 하나의 타이틀을 안겨준
고마운 사람이었다.

'이 세상 아무 곳에다 작은 바늘 하나를 세우고
하늘에서 아주 작은 밀씨 하나를 뿌렸을 때
그게 바늘에 꽂힐 확률.
그 계산도 안 되는 확률로 만나는 게 인연이다.'
영화 〈번지 점프를 하다〉의 대사처럼
세상의 인연이란
쉽게 이어지지도 끊어지지도 않는 것이라고 생각했다.

평상시와 꼭 같은 모양이었던 하루의 언저리,
믿을 수 없었던, 믿고 싶지 않았던 전화 한 통에
모든 것이 그만 정지해버렸다.
느닷없는 헤어짐 위로 미처 마모시키지 못한 슬픈 바람이 불었다.

나는 태어나서 처음으로
세포 하나하나가 떨린다는 게 어떤 건지,
눈물을 온몸으로 흘린다는 게 어떤 건지 알게 되었다.
그리고 그 사람과 '안녕'을 했다.

- 이 글을 지금은 고인이 된 박철호 실장님께 바칩니다. 우리 꼭 다시 만나요.

헛되게 흘러간 시간은 없다

기복 없는 삶이 세상에 어디 있으랴.
파란만장함의 정도 차이만이 있을 뿐,
누구의 인생인들 순탄하게만 흘러가지는 않겠지.
그런데 막상 어떤 문제들을 직면했을 때
이런 이성적인 사고는 전혀 일어나지 않고
모든 것들은 혼돈에 발을 담근다.
발생의 가운데에선 아무것도 볼 수가 없고
나는 동그마니 혼자일 뿐이다.
하지만 어찌되었건 시간은 흐르게 되어 있고
그 흐름에 몸을 맡기다 보면 찬찬한 판단이 가능해진다.

이 세상에 헛되게 흘러간 시간은 없다.
그 시절을 그렇게 보내지 않았더라면
지금의 견고한 나는 만들어지지 않았을 것.

막상 차 안에 있을 때는
어느 정도의 속도로 달리고 있는지 모르는 것처럼
다만 잊고 있을 뿐이다.
모든 일에는 때가 있다는 것.
지금이라도 꾸준히 하면 된다는 것.
아픈 만큼 성숙한다는 것.

스트레스로 네 달 만에 무려 삼십 킬로그램이 쪘고
대인기피증까지 생겼었다던 그는
독하게 마음을 다잡고 두 달 만에 원래의 자신으로 돌아왔다.
인터뷰 중 그의 눈을 바라보는데
나는 괜스레 눈물이 날 것 같았다.
파도가 지나간 후 안정을 찾은 그의 모습에
공연히 내 맘이 젖어버렸다.

앞으로의 삶 역시 한결같이 평온할 수는 없겠지만
이제는 믿어도 될 것 같다.
또다시 힘든 날이 찾아와도 우리 그냥 웃어버리자.
이 세상에 헛되게 흘러가는 시간은 없다.

그분과의 심야 데이트

2010년 7월 14일 수요일.
오늘은 미녀 삼총사(조연출, 박지선, 나)가
그분을 습격, 납치하기로 한 D-Day다.

(KBS 본관 5층 라디오 스튜디오, 밤 10시)
희열: 너희가 여기 왜 있어?
우리: 오빠 보려고요! 라천 끝나고 맛있는 거 사 주세요.
희열: 정말? 되게 심심한가 보구나.

그분의 생방이 끝나려면 아직 4시간이 남았다.
우리는 우선 일본 라멘집에서 허기를 채우고,
2차로 치킨집에 가서 개성 있게 해물떡볶이와 콜라를 시켰다.
서로의 힘들었던 시절을 공유하고,
앞으로 더 잘 될 거란 격려로 마무리하니
대화는 훈훈해지고 미녀삼총사는 보다 돈독해진다.

"모든 사람의 일생에는 모두 같은 크기의 힘듦이
주어지는지도 몰라.

넌 미리 다 겪었으니까, 짐을 많이 내려놓은 셈이지.
앞으로의 삶은 조금 더 편안해질 거야."

자신이 가장 힘들 때 누군가 해주었다던 조연출의 말이
내게도 따스한 위로가 된다.
매일 웃는 얼굴이었던 그녀들에게도 죽을 만큼
힘든 때가 있었구나.
나만 힘든 줄 알았던 내가 너무도 어리석게 느껴진다.
그렇게 장장 세 시간의 수다와
한 시간의 라디오 청취 시간을 보내고
우리는 그분과 정식으로 상봉하게 되었다.

희열: 그래, 어디로 가야 하나, 삼겹살 먹으러 갈래?
우리: 좋아요.

맛있는 삼겹살과 그 보다 더 맛있었던 그분과의 대화.
재밌는 사실은 그때 우리가 나눈 대화가
전혀 기억이 나지 않는다는 것이다.
그래도 평생 잊지 못할 심야 데이트는
에스프레소 마끼아또 같은 진한 여운을 남겼으니
이로써 충분한 것 아닐까?

집 나간 마음을 찾습니다

서른, 부모와 같이 산다는 것

열 살의 나는 혼자 있는 게 무서웠다.
낮잠을 자고 일어났는데 사방은 적막하고,
어느덧 날이 어두워져 있었다.
두 눈을 동그랗게 떴지만 엄마는 보이지 않았다.
TV를 큰 소리 나게 켜고는 엄마를 기다렸다.

그리고 20년이 흘렀다.
서른 살의 나는 부모님과 함께 산다는 게 무섭다.
그저 방목으로 일관했던 부모님의 애정 방식이 급변한 것이다.
갑작스럽게 관심을 받으니 이젠 이 집을 튕겨 나가고 싶어진다.
하지만 오늘도 나는 얌전히 방으로 직행한다.

어제 혼자 사는 친구와 함께 장을 보았다.
카드를 긁는 그녀의 표정이 어두워 물으니
각종 공과금과 집세로 이번 달 월급도 바닥이란다.
게다가 그제 밤에는 무슨 사고라도 났는지
사이렌 소리에 무서워 한숨도 못 잤다고 했다.

"그래도 넌 잔소리는 안 듣잖아."
나는 엄마의 시집가라는 성화에 멀미가 난다며 투덜거렸다.
"그래도 넌 그냥 집에 꼭 붙어 있어."
그녀는 진심어린 표정이었다.

하지만 서른이란 나이에도 꼭 지켜야 하는 통금 시간과
내키지 않는 선 자리에 내 마음은
이번 달에도 여러 번 집을 나갔다.
그런데 냉정히 생각해보니 독립은 책임과 동의어인데
솔직히 나는 나 하나도 제대로 건사하지 못했다.
엄마가 밥해주고 빨래해주고
늦으면 아빠가 데리러 오고
아프면 오빠가 약을 사다주는 생활.
우리 네 식구가 다 같이 사는 것도 몇 년 안 남았을 텐데
그땐 잔소리도 그리울 거야.

"엄마, 설거지는 내가 할게."

넌 피하려 애를 써 봐도 그게 쉽지 않아
　　　어느 날 텅 빈 내게로 다가와 내 맘 전부 채운 너
내 눈물로 너를 지우려고 수없이 흘려도
　　　이제는 정말 어쩔 수 없나봐 난 언제나 네게로

♬ '끌림' 작사: 정민선

작사가로 살아가기

아무도 모르게 나만의 신호를
내 안에 우주를 못 다한 이야기를
들어줘 나를 안아줘
뜨겁게 나를 데워줘~ ♪

혼자 흥얼거리던 멜로디에 가사를 붙여보았다.
제법 그럴싸한 것 같아 배시시 웃음이 난다.
마침 휴대전화에서 제이슨 므라즈의 'Lucky'가 울린다.

"잘 지냈어요? 가사 좀 부탁하려고요."

작사가로 입문한 지도 벌써 4년 반이 지났다.
우리나라 가요의 90퍼센트는 작곡가가 멜로디를 만들면
가수지망생이 엉터리 언어(문법에 맞지 않는 세계 각국의 언어)로
노래를 불러 작사가에게 의뢰하는데,
처음 가이드송을 들었을 때의 난감함이 불현듯 되살아난다.
운율을 알 수 없는 언어들에 파묻혀
멜로디는 귀에 들어오지도 않았던 시절,
나의 첫 작사는 72시간 만에 완성되었지만
세상의 빛을 보지 못했다.
그 날 이후, 갑자기 바뀐 편곡 때문에
녹음 중에 쓰고 부르는 해프닝을 연출한 첫 노래 '끌림',
세션 녹음까지 마치고 엎어진 음반들,

80대 1의 경쟁률을 뚫고도 무용지물이 되어버린 가사…….
나는 수십 개의 가사들이 갈 곳을 잃고 버려지던 시절,
매일 울었다.
"민선 씨 가사는 다 좋은데, 너무 시 같아요."
이런 말을 들으며 대중성과 예술성의 경계 속에서
글쓰기 자체에 두려움을 느끼고 있었다.
그러던 어느 날, 드라마를 보다 마음에 드는 대사를
휴대전화에 입력하는 나를 알아차렸다.
'나중에 작사할 때 활용해야지.'
마음을 온전히 비워버린 건 그 순간이었던 것 같다.
'내가 이토록 좋아하는 일인데…….'
당장 눈앞에 보이는 건 중요한 게 아니었다.
'152개의 글들은 버려진 게 아니라 잠시 여행 중인 걸 거야.'
그 순간 나는 고스란히 마음을 놓아버렸다.

"누구 부탁인데, 당연히 써야죠!"

아이돌 가수의 가사를 의뢰 받았다.
멜로디가 내 기분과는 사뭇 다르게 매우 샤방샤방하다.
뭐, 내가 웃는 게 웃는 게 아니었던 순간이
이번 한 번뿐이었을까?

내 볼에 달콤달콤한 그대의 입맞춤
내 맘엔 보송보송한 그대의 향기 가득해~♪

오랜만의 작사 작업.
나는 언제쯤 '좋은' 가사를 쓰는 '좋은' 작사가가 될 수 있을까?

중요한 건 지금 달리고 있다는 것

희열: 아직까지도 김C가 음악 하는 걸 모르는 사람들도 있죠?
그럴 땐 어떠세요? 속상하시죠?
김C: 처음엔 그랬는데, 요즘엔 내가 음악 하는 사람인데
사람들이 나를 어떻게 보는지는 중요한 게
아닌 것 같단 생각을 해요.

인생을 흔히들 마라톤 경기에 비유하곤 한다.
마라톤 경기를 하듯 자신의 페이스를 유지하라는 것이다.
앞서거니 뒤서거니 가는 것이 삶인데
앞질러가는 상대를 따라잡겠다고 죽어라 뛰어봤자
결국 결승점에 도달하지 못하고 낙오될 수도 있는 게
바로 인생이기 때문이다.
상대를 부러워하거나 나를 부끄러워하기 전에
내 페이스를 파악하고 유지해 끝까지 완주하는 것.
그보다 중요한 것이 있을까?

집 나간 마음을 찾습니다

달리다 보면 숨이 턱 끝까지 차고, 목이 마르고,
다리에 쥐가 나고, 때론 고독하기까지 하다.
하지만 시원한 물 한 모금에 피로를 잊고,
어여쁜 풍경과 힘찬 응원을 만나기도 한다.
어차피 과정과 결과는 아무도 예상할 수 없으니
인생이란 페이지에 무엇을 그리고 채워갈지,
어떠한 추억들을 하나하나 더해갈지,
선택은 오롯이 나의 것이다.

그리고 중요한 건
나는 지금 달리고 있다는 것이다.

에필로그

아주 작은 느낌들을 오롯이 담아
반짝 반짝 빛나는 무언가로 선물합니다.
누군가, 나와 같다면 '까짓것 괜찮아' 견딜 수 있는 거겠죠?
나의 언어 하나하나가 그대의 마음에 살포시 앉아주기를,
그렇게 함께 울고 웃어주기를 가만 바라봅니다.
아무래도 일기처럼 쓰인 글들이라
부끄럽기도 하고 걱정도 되고 그래요.
이 글에 쓰인 누군가 그대라 여겨져도
행여 다른 오해나 상처는 없으시기를,
동그란 마음만 예쁘게 기억해주시길 바라봅니다.
그리고 이 책에 쓰인 이야기가 전부
저의 경험이거나 온전한 감정일 거라는
위험한 생각은 금지할게요.
고스란히 마음을 다한 글들이지만
저는 분명 '작가'이기도 하니까요.

고마운 분들이 참 많습니다.

누구보다 나를 잘 알고 믿고 응원해주는 소중한 분들,
일일이 적지 못하는 마음은 이 책으로 대신할게요. 사랑합니다!
우리 가족, 안국동의 소녀들, 명륜동의 추억들,
스케치북 식구들, 혜용+스윙걸스 그리고 내 삶의 여러 인연들.
오랜 시간 함께 고생해준 시공사 편집팀과
처음부터 끝까지 많은 도움을 준 민선 전용 편집인 '문영',
멋진 사진 협찬해주신 '임초이', '김영선 카메라 감독님',
언니가 반지 꼭 사줄게. 같이 일하자. '개그우먼 박지선',
'민선 씨는 아이디어 뱅크' 오빠의 문자에 힘을 냅니다. '루시드폴',
오빠 덕분에 잊고 있던 꿈을 기억해냈어요. 고맙습니다. '유희열'.

마지막으로 노트북을 닫으며 휴대전화를 열어봅니다.
'I'm a writer.'

끊임없이 기억하고 기록하겠습니다.

추천사

일주일에 한 번 그녀를 만나고, 일주일에 하루 함께 술을 마시고, 일주일에 한 개, 아니 많게는 서너 개의 문자를 주고받는다. 피곤한 발걸음을 옮겨 콘크리트로 지어진 온기 없는 방송국의 대기실 문을 열면 그녀는 늘 제일 먼저 다가와 그날의 방송 원고를 건넨다. 휴식 같은 짧은 눈인사와 비타민 같은 미소 한줌도 함께. 난 그녀에게서 매번 숫자로 셀 수 없는 여유와 용기를 얻는다.

아직도 익숙지 않은 조명과 환호를 받으며 무대에 올라갈 때면 무대 뒤 내 옆엔 그녀가 있다. 이런 친구가 늘 곁에 있다면 얼마나 좋을까. 짓궂은 내 농담을 늘 웃으며 들어주는 속 깊은 그녀의 이야기. 연애 안하냐는 놀림에 얼굴 빨개지며 남자 대신 스윙댄스에 빠져 있다는 엉뚱한 그녀의 생각들. 이젠 내가 들어줄게.

민선아, 그동안 고마웠고 앞으로도 고양이를, 아니 나를 부탁해~

유 희 열

사랑은 늘 우리 곁에 있다. 때론 달콤한 듯 흥겨운 맛이 나고, 때론 뱉어내고 싶을 만큼 쓰디쓴 맛이, 때론 무심하게 스치는 일상이 묻어나와 텁텁한 맛이 나기도 한다. 사랑은 이렇듯 늘 우리 곁에서 다양한 맛을 낸다. 그녀의 글 속에 맴도는 여러 가지 '사랑의 맛'. 그녀 덕분에 오늘도 나의 감성은 색색의 물이 든다.

정 엽

소소한 기억의 지류가 책을 만들다
그녀의 글을 찬찬히 읽어본다. 운문처럼 여백이 있는 산문을 사진과 함께 페이지마다 정갈하게 펼쳐 놓았다. 소녀일 수도, 숙녀일 수도 있는 나이의 그녀가 거울을 바라보듯 지나간 시간들을 시서히 돌아보며 자판을 두드리는 모습이 눈에 선하다. 자판 끝 하나하나가 음절이 되고, 다시 문장이 된다. 행이 갈리고, 단락이 마무리되어 이렇게 이야기가 되는 그녀의 글을 보면 마치 작은 실개울이 모이고 또 모여 그리 크지는 않지만 고요하게 바다를 향해가는 강의 풍경이 떠오른다. 저 멀리 숨겨져 있는 기억을 끄집어내어 그렇게 지금 내가 어디로 흘러가고 있는지 자꾸만 생각하게 하면서…….

루 시 드 폴

서른, 나 역시 살아가면서 나도 모를 외로움과 막막함을 느끼고 있다. 그런데 어느 날, 그녀의 글이 살며시 다가와 말을 건넨다. 이건 결코 나만의 일이 아니라고, 나 혼자 겪는 일이 아니니 너무 걱정하지 말라고. 그녀가 전하는 공감과 위로의 말이 마음에 따스한 물결로 번진다.

거 미

ⓒ 정민선, 2010

2010년 12월 24일 초판 1쇄 발행
2014년 4월 15일 초판 7쇄 발행

지은이 | 정민선
발행인 | 이원주
책임편집 | 이한아
책임마케팅 | 조용호

발행처 | (주)시공사
출판등록 | 1989년 5월 10일(제3-248호)

주소 | 서울시 서초구 사임당로 82 (우편번호 137-879)
전화 | 편집(02)2046-2853·마케팅(02)2046-2878
팩스 | 편집(02)585-1755·마케팅(02)588-0835
홈페이지 | www.sigongsa.com

ISBN 978-89-527-6037-1 13810

본서에 수록된 노래들은 Komca 승인필 되었습니다.
이 책의 내용을 무단 복제하는 것은 저작권법에 의해 금지되어 있습니다.
파본이나 잘못된 책은 구입한 서점에서 교환하여 드립니다.